JEAN-YVES LE DRIAN

Entretiens

Jean-Michel Djian

JEAN-YVES LE DRIAN

Entretiens

Éditions OUEST-FRANCE

Sommaire

Prologue

J'ai, comme journaliste, rencontré pour la première fois Jean-Yves Le Drian il y a plus de quarante ans. C'était en août 1981, au désormais incontournable Festival interceltique de Lorient qui fêtait alors ses dix ans d'existence. Une année faste. Le natif de Lorient venait de conquérir sa ville et, en mai de cette année-là, le militant socialiste avait vu la gauche s'unir et gagner, puis dans la foulée, son mentor François Mitterrand accéder au pouvoir. Le visage du nouvel édile était alors habité par la grâce. Comme si ses nouvelles responsabilités locales allaient le conduire à écrire de ce pays de Lorient qu'il chérit tant une page de l'Histoire de la gauche. Mais pour toutes celles et tous ceux qui étaient présents ce jour-là, à ses côtés, il était clair que le destin de Jean-Yves Le Drian était en marche.

Ce même visage réapparut en 1991 dans la cour du siège du Parti socialiste où Pierre Mauroy, son Premier Secrétaire d'alors, donnait une réception à l'occasion de la nomination du gouvernement d'Édith Cresson. Jean-Yves Le Drian en était. Tout juste nommé la veille, le jeune secrétaire d'État à la Mer était presque perdu parmi les ténors fatigués du mitterrandisme crépusculaire. Ce jour-là, il était néanmoins à peu près le seul à jubiler et à manifester son enthousiasme.

Il avait la politique dans la peau et ça se voyait.

Quand, en 1997, Lionel Jospin, Premier ministre, oublia de l'embarquer avec lui dans sa gauche plurielle, il en fut contrit, mais n'en dit rien. Le Breton en profita pour cultiver ses terres et se donner un objectif précis : être le premier socialiste à prendre la tête de la Région Bretagne. Il échoua à sa première tentative en 1998, mais y parvint à la seconde. Nous sommes en 2004. Dans ce temps long qui sépare ces deux rendez-vous électoraux, et alors que j'occupais les fonctions de rédacteur en chef du *Monde de l'éducation* et collaborais régulièrement au journal *Ouest-France*, j'ai alors vu de loin cet homme se faire un nom sur les questions de Défense nationale, labourer chacune des parcelles de sa région, chercher méthodiquement à comprendre ce qui faisait la diversité des racines de son peuple, puis tranquillement se mettre à habiter, au sens le plus symbolique du mot, le corps et l'esprit de son territoire.

À la tête de Lorient, de sa Bretagne et de sa circonscription pendant près de quarante ans, puis des ministères de la Défense et de l'Europe et des Affaires étrangères sans discontinuer ces dix dernières années, Jean-Yves Le Drian peut s'enorgueillir d'un parcours politique complet. Pour autant, bien peu connaissent cet agrégé d'histoire façonné pendant les grandes heures du socialisme triomphant et qui pourtant n'a jamais joué les premiers rôles au sein du parti. C'est un taiseux habité par une certaine idée de la nation, un sourcilleux de la République sachant s'entourer des meilleurs, un audacieux tacticien capable de transgresser quand personne ne s'y attend, mais aussi et surtout un homme d'État plus désespéré qu'il n'y paraît quand les fondamentaux de la démocratie lui semblent atteints. C'est le cas. Alors, il cherche à sortir de sa carapace pour témoigner, parfois du bout des lèvres, de ce qu'il pense, de ce qu'il a tenté de faire, continue de faire et fera encore dans ce qu'il appelle pudiquement sa « sixième vie ».

C'est l'objet de ces entretiens entre nous, décidés en mai 2022, sitôt démis le dernier gouvernement du premier quinquennat d'Emmanuel Macron.

En Bretagne, on l'appelle « le menhir », mais sa statue politique sculptée à l'ancienne ferait plutôt de lui un sage, c'est-à-dire en langage breton un druide laïc, la barbe en moins. Ce n'est pas un idéologue et encore moins un intellectuel ciselé à la force des concepts. C'est un pragmatique éclairé, animé par le souci sincère du bien commun ; un héritier direct de l'universalisme des Lumières et qui se débat seul avec ses affidés, comme il peut dans les affres des institutions démocratiques.

De son fief morbihannais jusqu'au sommet de l'État, en passant par les points névralgiques de la planète où l'ancien ministre entretient des relations et parfois des amitiés, on ne cesse de lui confier des messages, des secrets aussi, mais, à la différence de cette gent politique qui s'enorgueillit de les colporter, lui n'en dit rien, jamais rien. C'est si vrai que j'hésitai à l'inviter à France Culture en 2012 dans mon émission « À Voix nue », car je le savais méfiant à l'idée de se livrer, pire encore d'avoir à révéler des informations que, pour de bonnes ou de mauvaises raisons, il n'avait pas à donner.

Jean-Yves Le Drian est un coffre-fort, une assurance tout risque pour bâtir à bas bruit des stratégies, avancer des pions, installer la bonne distance avec des interlocuteurs fréquentables comme réputés infréquentables qu'ils soient ministres, journalistes, chefs d'État, élus locaux, patrons d'entreprises ou simples citoyens. Une particularité tout de même : il semble continuellement aux aguets, jamais fatigué, inlassablement complice du temps qui passe comme de celles et ceux qui l'occupent de commentaires. C'est parfois même frustrant quand, au détour de quelques rictus qui ne trompent pas, on devine à sa tête qu'il se retient d'en découdre. Mais voilà, le devoir d'État, la loyauté à quelques principes appris chez les curés – ou peut-être chez les francs-maçons, on n'en sait rien – le respect immédiat qu'il a pour celles et ceux qui le précèdent, le sens inné du long terme, tout conduit le désormais septuagénaire à se faire honneur à lui-même en ne cédant jamais rien à l'emprise du présent. En ces temps de disette intellectuelle, de court-termisme et d'hystérie émotionnelle, c'est une vertu.

Mais l'heure est venue de dire les choses, ou tout au moins de parler. De ses choix politiques, de la social-démocratie, du régionalisme, de l'État régalien avec ce qu'il impose de silence, d'épreuves humaines et de sens du devoir.

Jean-Yves Le Drian va ici, au compte-gouttes, nous aider à repenser l'état de la France dans le monde à l'aulne de la singulière expérience d'un Français « qui sait d'où il vient », mais qui, par pudeur ou fausse modestie, « a toujours eu peur de n'être pas à la hauteur ».

Jean-Michel Djian

Démocratie et territoires

Jean-Michel Djian – Vous faites partie, Jean-Yves Le Drian, d'une génération d'hommes politiques qui, de près ou de loin, aura connu tous les chefs d'État et de gouvernement qui ont exercé sous la Vᵉ République. Alors, la première question qui me vient à l'esprit est d'abord de vous demander, après plus de quarante ans d'engagement au service de notre pays, quel regard vous portez sur l'état de la vie politique.

Jean-Yves Le Drian – Ce qui me frappe, c'est d'abord que la politique a radicalement changé de *tempo*. Le rythme de la décision publique est aujourd'hui percuté par un rythme médiatique qui s'emballe. Que l'on soit au pouvoir ou dans l'opposition, il faut tout de suite réagir « à chaud », tout de suite donner du grain à moudre aux chaînes d'information en continu et aux réseaux sociaux. Le risque, c'est alors que la communication et les slogans prennent le pas sur l'action. C'est que les polémiques stériles masquent les débats de fond. C'est que l'émotivité l'emporte sur la lucidité. Alors que la politique exige une vision à long terme, on se trouve pris au piège de l'immédiateté. Chacun le sent bien.

Je trouve tout cela extrêmement préoccupant. Car la recherche collective du bien commun suppose un minimum de sérénité et de recul. Et c'est tout de même la raison d'être de la politique !

Vous y voyez un réel danger pour la démocratie ?

Oui, bien sûr. À mes yeux, ce piège de l'immédiateté finit forcément par produire de la frustration, car il nous condamne souvent à des discussions superficielles. À tel point qu'un nombre croissant de nos concitoyens en viennent à penser que le champ démocratique n'est plus le lieu où se joue véritablement la décision politique. Ils tombent alors dans l'abstention ou dans des formes de colère sociale de plus en plus violentes. Là, oui, il y a danger.

Quel lien faites-vous entre l'usage massif des réseaux sociaux dans le monde et la montée concomitante des populismes ? Qui sont au fond les vrais responsables de la fragilisation de nos démocraties ?

Internet portait des promesses absolument formidables – en termes de lien social, de partage des savoirs, d'accès à l'information et de renouveau de la vie démocratique. C'est bien pour cela que les régimes autoritaires en ont si peur, de la Chine à la Russie en passant par l'Iran. Mais, trop souvent, ces promesses se sont effacées devant la prolifération des manipulations de l'information, les discours de haine en ligne et la banalisation d'un complotisme 2.0. Parce que leur modèle économique est basé sur le ciblage des opinions et des préférences, les réseaux sociaux tendent, en effet, à nous enfermer dans des visions du monde bornées et des logiques de polarisation qui sont la négation même de l'espace public et qui ouvrent un vrai boulevard aux forces populistes.

Vous pensez à quoi exactement ? Comment définiriez-vous le populisme d'aujourd'hui ?

C'est d'abord un mépris des faits, que les populistes traitent comme une simple variable d'ajustement. Je pense, par exemple, aux 350 millions de livres sterling que Boris Johnson et les partisans du « *leave* » se faisaient fort d'économiser chaque semaine, en cas de *Brexit*. Eh bien, ce chiffre était complètement inventé ! Les Britanniques l'ont appris à leurs dépens. C'est aussi un mépris du peuple, car, si les populistes aiment jouer sur les peurs et se poser en protecteurs des plus vulnérables, le fait est qu'ils ne défendent pas concrètement les intérêts des classes populaires. Ils se contentent d'instrumentaliser les craintes et les colères. Souvenez-vous du premier décret signé par Donald Trump, une fois élu à la Maison-Blanche : il visait à abroger l'*Obamacare*, dont dépend la couverture maladie de millions d'Américains.

Au fond, c'est la question de la vérité qui est en jeu. Qui la détient ? Mais surtout, en quoi la politique peut participer à la réhabiliter si elle est contestée par ceux qui en font ?

Sur ce sujet, il ne faut rien céder : en démocratie, la parole politique doit s'appuyer sur la réalité des faits et ne doit pas chercher à manipuler les perceptions. C'est d'ailleurs ce qui fait la force de la démocratie. Les régimes fondés sur le déni du réel et le mensonge généralisé finissent souvent par le payer au prix fort. On l'a bien vu ces derniers mois. C'est parce que l'appareil de sécurité russe s'est auto-intoxiqué pendant des années sur la valeur de son armée et l'état des forces sociales et militaires de l'Ukraine que les plans d'invasion de Poutine ont échoué de manière si spectaculaire. C'est parce que la Chine a confondu gestion sanitaire de la pandémie et mise au pas autoritaire de la population qu'elle se trouve encore aujourd'hui si vulnérable face à un virus avec lequel le reste du monde a appris à vivre. C'est aussi le risque que portent les discours populistes qui se font jour chez nous.

Pourquoi en France serait-on mieux qu'ailleurs en état de contrer cette vague populiste que rien ne semble arrêter ?

Dans notre pays, le mépris des faits et du peuple que j'évoquais est, depuis bien longtemps, le fonds de commerce de l'extrême droite. C'est désormais aussi la voie qu'a choisie une partie de la gauche d'opposition, ce que je trouve particulièrement consternant.

Alors, comment sortir de cette spirale qui affaiblit la démocratie et fait le jeu du populisme ?

Ma conviction est qu'une partie de la réponse se joue dans nos territoires. Je crois que le Président Macron l'a compris quand il cherchait à tirer les leçons du mouvement des Gilets jaunes en 2019. Mais le chantier de la responsabilisation des territoires est toujours devant nous. J'en ai souvent parlé avec le Président, et je sais qu'il en est bien conscient.

Face à la crise du covid 19, les Français se sont d'ailleurs spontanément tournés vers leurs élus locaux. J'ai trouvé ce réflexe extrêmement révélateur. Il rappelait une évidence : en cas de coup dur, proximité rime avec fiabilité. Bien sûr, l'État a été au rendez-vous. Bien sûr, le Président et le Gouvernement ont su faire preuve de courage et d'audace pour protéger la santé et les emplois des Français. Mais nos collectivités territoriales ont été, elles aussi, à la hauteur de cette crise sans précédent, notamment ici en Bretagne. Il faut le rappeler! Souvent, elles ont même été en première ligne pour organiser la solidarité et accompagner les plus fragiles.

Pour donner une traduction pérenne à cet élan, il faut un nouvel acte de décentralisation.

Car je crois qu'il est urgent de revitaliser notre démocratie depuis la base, c'est-à-dire depuis nos territoires.

Certes, les Français aiment leurs territoires, c'est un fait, mais ils sont aussi, quoi qu'on en dise, fascinés par l'État-nation, son aura, sa puissance, son rayonnement. Vous qui avez eu l'honneur de servir tour à tour une ville, une région et l'État ; en quoi pensez-vous qu'un nouvel acte de décentralisation peut résoudre la défiance existante des citoyens à l'endroit du pouvoir, des pouvoirs quels qu'ils soient ?

Dans ma vie de maire de Lorient, puis dans ma vie de président de la Région Bretagne, j'ai pu voir que les projets menés par les collectivités génèrent souvent du consensus, parfois même de l'enthousiasme collectif. Parce que c'est du tangible. Parce que chacun se sent directement concerné. Et parce que c'est une manière de remettre des noms et des visages sur la décision politique, qui souffre aujourd'hui d'une forme de désincarnation d'autant plus grave que la loi sur le cumul des mandats de 2014 a eu pour effet pervers de couper certains liens vraiment essentiels entre les parlementaires et leurs électeurs.

Je suis donc convaincu qu'il faut responsabiliser davantage nos collectivités, élargir et identifier leurs champs de compétences. Cela pourrait bien être un remède aux fractures qui traversent notre société, comme un antidote aux postures et impostures populistes.

Pourtant, nos institutions évoluent et les mentalités changent trop lentement à votre goût ?

Vous pouvez le constater comme moi : faute de clarté *à chaque niveau* de la prise de décision politique, il y a une prime à la surenchère et aux postures dans un débat public qui s'éloigne trop souvent des réalités concrètes pour sombrer dans les généralités. C'est ce qui permet aux populistes de tirer leur épingle du jeu, alors même qu'ils n'ont rien de sérieux à proposer ! Voilà pourquoi nous devons absolument trouver une manière de sortir de cet engrenage délétère au plus vite.

Vous parliez à l'instant des effets pervers de la loi sur le cumul des mandats de 2014. N'a-t-elle tout de même pas quelques vertus ?

Elle a permis de mettre fin à certaines rentes de situation indues. Entre nous, elle a aussi permis de libérer certains postes, ce qui n'était pas pour déplaire à des collaborateurs parlementaires qui se trouvaient nourrir des ambitions électorales. Mais passons.

Ce que je reproche à ce texte, c'est d'abord qu'il a été adopté sous la pression d'une opinion plutôt mal informée, ce qui n'est pas sain. Je me souviens notamment que la question du cumul des rémunérations suscitait beaucoup de fantasmes tout à fait infondés. Je m'interroge aussi sur son utilité réelle : plusieurs lois encadraient déjà le cumul des mandats et suffisaient sans doute à prévenir les abus vraiment problématiques. Je m'inquiète enfin, et surtout, de ses conséquences. Que s'est-il produit depuis 2014 ? Désormais privés de vrais mandats locaux, les parlementaires se sont éloignés de leurs électeurs. Cela n'est jamais une bonne nouvelle pour la démocratie.

Vous souhaiteriez revenir en arrière ?

Si l'on veut pouvoir mener à bien les réformes nécessaires à notre pays, il faut restaurer ce lien crucial entre la représentation nationale et les préoccupations du terrain. Je ne trouverai pas choquant que le premier adjoint au maire d'une grande ville ou le maire d'une petite ville, par exemple, puissent être élus députés. Certains de nos voisins ont certes d'autres pratiques, mais il faut garder à l'esprit que leurs institutions sont très différentes des nôtres.

Pourra-t-on un jour sortir de cette contradiction très française qui veut à la fois un État fort et des collectivités locales et régionales de plus en plus indépendantes du pouvoir central ? Ne pensez-vous pas que notre culture politique est encore très jacobine ?

Il y a, en effet, une culture très française de la verticalité du pouvoir, avec laquelle j'estime qu'il est indispensable de rompre. Et je précise tout de suite qu'elle va bien au-delà de ce qu'on peut entendre, ici ou là, sur le rapport de tel ou tel responsable public à nos institutions. C'est un trait qui, jusqu'à aujourd'hui, a toujours structuré notre modèle politique. Voilà le vrai problème.

François Mitterrand disait que, si la France avait eu besoin d'un pouvoir fort et centralisé « pour se faire », elle avait désormais besoin d'un pouvoir décentralisé « pour ne pas se défaire ». C'était en 1981. C'est encore plus vrai aujourd'hui, pour les raisons dont nous venons de parler.

Lorsque je suis entré dans la vie publique, le concept de région de plein exercice n'avait tout simplement pas d'existence institutionnelle. Nous devions nous contenter d'un « établissement public régional », où il me revenait de siéger... parce qu'il se trouvait que j'étais par ailleurs député ! Certes, le Président Raymond Marcellin dirigeait les débats, mais c'est le préfet qui fixait l'ordre du jour ! C'est ainsi que les choses se passaient encore, en 1978. Depuis, nous avons parcouru un chemin considérable.

On le doit aussi à Gaston Defferre, ministre d'État de l'Intérieur et de la décentralisation de François Mitterrand... et surtout maire de Marseille trente-trois ans durant !

Je me souviens d'une conversation que j'ai eue avec lui, en 1981. Il venait d'être nommé Place Beauvau et nous faisait l'honneur d'une visite à Lorient. Je lui ai dit que je soutenais pleinement son projet de loi sur la décentralisation, mais que je m'étonnais de voir ce texte inscrit à l'ordre du jour du Parlement avant un certain nombre de réformes sociales majeures qui étaient très attendues. Il m'a dit : « Si on ne le fait pas tout de suite, on n'y arrivera jamais, tant le poids du jacobinisme est fort dans notre pays. »

Gaston Deferre s'est donc battu, et il a réussi. En mars 1982, en janvier 1983 et en juillet de la même année ont été adoptées trois lois qui ont donné le coup d'envoi de la décentralisation en France. En instaurant un contrôle *a posteriori* des actes des collectivités locales et en organisant la répartition des compétences entre l'État et les collectivités, ces « lois Deferre » ont fait de nos régions de véritables entités politiques, dont l'exécutif est élu au suffrage universel, et qui sont en capacité de faire leurs propres choix. Du jamais vu !

C'est une avancée démocratique extrêmement concrète, que le pays doit aux socialistes et qui fait aujourd'hui partie de notre patrimoine républicain. C'est d'ailleurs sous l'égide d'un Premier ministre de droite, Jean-Pierre Raffarin, que, vingt ans plus tard, une réforme constitutionnelle est venue consacrer l'idée d'une « République décentralisée ».

Ce combat doit impérativement se poursuivre aujourd'hui. Je suis persuadé que le second mandat du Président Macron offre l'occasion de le faire, après la loi dite « 3DS », adoptée par le Parlement en février 2022.

Que signifie ce sigle incompréhensible ?

Il s'agit de la « Loi relative à la différenciation, la décentralisation, la déconcentration et portant diverses mesures de simplification de l'action publique locale ». Au début de son second mandat, le Président a eu des mots très forts sur la nécessité d'« inventer une méthode nouvelle, loin des rites et des chorégraphies usés ». À mes yeux, cela appelle une nouvelle étape de la décentralisation.

Cette culture de la verticalité, certains en usent et en abusent !

Je le redis : ce n'est pas une question d'attitude personnelle. Le vrai problème, c'est que cette culture de la verticalité structure depuis très longtemps la prise de décision politique dans notre pays, et qu'elle ne fait en définitive, aujourd'hui, que des mécontents et des insatisfaits !

D'abord, elle place le chef de l'État dans une position impossible. On attend de lui qu'il donne des orientations sur tous les dossiers – jusqu'au positionnement des éoliennes en mer ! On le tient comptable de tout. Au final, il se retrouve seul face à toutes les colères et tous les mécontentements.

Car c'est toujours la faute de l'État, et donc du Président. Pensez à François Hollande face aux Bonnets rouges. Pensez à Emmanuel Macron face aux Gilets jaunes.

D'autre part, cette culture de la verticalité relègue les élus locaux à une situation de dépendance ou à une posture de protestation, que certains – disons-le – trouvent d'ailleurs bien confortables. Quand je suis devenu président de Région, en 2004, j'ai vu moi-même à quel point il pouvait être facile, et donc tentant, de se défausser sur l'État. Mais c'est une impasse, et pour tout le monde !

Comment, comme ministre, avez-vous pu concrètement agir sur ce terrain de la décentralisation dans cette dernière décennie ?

Ce n'était évidemment pas le cœur de ma mission, ni comme ministre de la Défense ni comme ministre de l'Europe et des Affaires étrangères. Au Quai d'Orsay, je me suis toutefois efforcé de faire progresser la décentralisation économique sur un dossier essentiel, qui souffrait d'un impensé massif : le soutien à l'export.

Sur le papier, la répartition des rôles semblait claire. Aux régions revenait la responsabilité d'accompagner les entreprises implantées sur leurs territoires. À l'État revenait la responsabilité de soutenir la projection à l'international de notre économie. Sauf que, dans les faits, l'État a naturellement tendance à privilégier les grands groupes industriels, dont l'histoire est liée à la sienne. Cela donne parfois de très beaux résultats. Mais nos PME et ETI tentées par la conquête de nouveaux marchés se retrouvaient fatalement dans un angle mort. J'ai donc fait en sorte que les régions puissent enfin prendre toute leur place dans notre dispositif de soutien à l'export, en m'appuyant sur des initiatives pionnières que j'avais déjà encouragées en Bretagne. J'en suis très fier.

Avec mon collègue Jean-Baptiste Lemoyne, qui était en charge de ce dossier, j'ai engagé une démarche similaire pour que nos régions pèsent davantage dans le renforcement et la promotion de l'attractivité touristique de notre pays. C'est également un dossier essentiel, dans lequel un important travail reste à faire pour bien clarifier les responsabilités.

Alors que vous étiez ministre de la Défense, le Président Hollande avait tenté de franchir une nouvelle étape en recomposant une carte des régions s'inspirant de ce qui se fait chez nos voisins européens, en particulier en Allemagne. Cela allait dans votre sens ?

À dire vrai, je n'ai toujours pas compris cette réforme ! Et ce n'est évidemment pas faute de croire en la force des régions, en leur capacité d'initiative, en leur aptitude à créer du lien et à rassembler. Mais l'angle d'attaque n'était tout simplement pas le bon. Le véritable enjeu n'a jamais été la taille des régions. Ce sont les compétences qu'on leur donne, et c'est bien sûr leur cohésion.

Il est illusoire d'espérer les renforcer en jouant au mécano avec leur périmètre. Elles doivent renvoyer à un passé commun, elles doivent incarner quelque chose, elles doivent être l'expression d'une volonté collective. C'est bien le cas en Allemagne et en Espagne, où la taille des régions est très variable, mais où elles renvoient toutes à des histoires, à des identités, à des choix propres.

La Bretagne est une histoire vivante, qui a la force de nous rassembler au présent. C'est ce que m'ont appris toutes ces années passées à parcourir les villes, les villages, les îles, les ports, les plages, les sentiers et les forêts de notre région. Et c'est pourquoi je me suis fermement opposé à tout ce qui risquait de diluer la Bretagne dans un ensemble arbitraire et dépourvu de sens. Ce qui nous était proposé, c'était de nous fondre dans une espèce de Grand Ouest mou. Je ne pouvais pas l'accepter.

Vous en avez fait un *casus belli* ?

Oui. Il y allait de mes convictions et de mon histoire avec la Bretagne. Finalement, le Président Hollande m'a entendu.

Mais la question du rattachement de la Loire-Atlantique reste en suspens.

Attention : c'est un tout autre sujet que celui des grandes régions ! Cette question, qui me tient à cœur, ne pourra se régler que par une consultation des habitants de ce département. Le plus tôt sera le mieux.

Arrêtons-nous un moment sur la réduction du mandat présidentiel à cinq ans, décidée en 2000 sous le mandat de Jacques Chirac. Au fond, cette loi n'a-t-elle pas largement contribué à renforcer ce que vous dénoncez, à savoir une obligation de penser un avenir à plus court terme, mais plus encore à recentrer le pouvoir exécutif au plus haut niveau de l'État ?

Je crains que le passage du septennat au quinquennat, acté par la révision constitutionnelle d'octobre 2000, l'inversion du calendrier électoral décidée par la loi organique de 2001 modifiant les dispositions du Code électoral et la révision constitutionnelle de juillet 2008 qui limite à deux le nombre de mandats présidentiels successifs aient remis en cause une dimension essentielle de la fonction présidentielle : le Président doit être le garant du temps long. Je pense que c'est l'un des points d'équilibre fondamentaux des institutions de la Ve République.

C'est au Premier ministre qu'il revient de diriger l'action du Gouvernement et de la défendre devant le Parlement. La responsabilité première du Président est de fixer un cap, sans quoi il se trouve prisonnier des urgences de l'immédiateté et des dilemmes tactiques. Mais cela ne signifie évidemment pas qu'il doit être coupé de notre vie démocratique ! Que le Président s'adresse régulièrement au Parlement réuni en Congrès me semble, par exemple, une excellente idée.

Vous le savez : le Président Macron a lui-même posé la question d'un retour au septennat à plusieurs reprises. À un moment donné, il faudra trancher. Non seulement pour retrouver le sens du temps long, mais aussi, d'ailleurs, pour conforter le rôle et les responsabilités proprement politiques du Premier ministre et du Parlement.

Une autre décision prise, alors que vous occupiez la fonction de ministre de la Défense lors du mandat de François Hollande, fut de mettre en œuvre des outils pour faciliter la transparence de la vie publique. Avec le recul, quel bilan en faites-vous ?

Nous étions alors en pleine affaire Cahuzac : le ministre délégué au Budget était soupçonné de fraude fiscale. Comme d'autres affaires du même acabit, ce scandale menaçait de mettre à mal la confiance qui doit exister entre les citoyens et ceux qui ont des responsabilités publiques.

Il fallait donc envoyer un signal très clair, à la fois aux Français et à la classe politique. C'est ainsi qu'est née, en 2013, la Haute Autorité pour la transparence de la vie publique. Incontestablement, elle joue un rôle nécessaire. On peut trouver ses procédures quelque peu intrusives, mais sans doute est-ce le prix à payer pour ne pas laisser notre démocratie sombrer dans la défiance. Le défi est de trouver le bon équilibre entre transparence de la vie publique et respect de la vie privée.

La social-démocratie en France

Au début des années quatre-vingt, vous avez lancé les « Transcourants » autour de Jacques Delors et aux côtés de François Hollande. C'était chez vous, à Lorient. Quelle était alors votre intention ? Faire exister une social-démocratie à la française ?

Nous voulions en finir avec les querelles de chapelle stériles et les batailles d'*ego* qui existaient (déjà !) au sein du PS. Nous voulions faire valoir la force des logiques de compromis pour obtenir des avancées sociales. Nous voulions ancrer l'engagement européen au cœur du projet de la gauche de gouvernement. Vingt ans plus tard, François Hollande a été élu Président de la République. À bien des égards, son mandat a été fidèle à nos convictions d'alors.

De grandes figures de la gauche socialiste, comme Jacques Delors et Michel Rocard, sont passées par les « journées-rencontres de Lorient » que nous organisions chaque été. Mais je me souviens aussi de la venue de Simone Veil, une année. C'était un peu le « en même temps » avant l'heure! Une manière de défricher les voies d'un compromis politique de fond sur les bases de la social-démocratie et de la démocratie chrétienne, comme nous constations que d'autres y parvenaient ailleurs en Europe. Et je suis convaincu que cette démarche répondait à une véritable attente. Car, pendant une dizaine d'années, nos rencontres ont attiré toujours plus de monde.

Est-ce ce parcours-là, cet engagement social-démocrate assumé qui vous a conduit, en 2017, à rejoindre l'ancien ministre de l'Économie de François Hollande, un certain Emmanuel Macron ?

La perspective de rassemblement progressiste qu'il avait su tracer au-delà des clivages partisans ne pouvait manquer de me parler, en effet. Il faut aussi rappeler la situation dans laquelle nous nous trouvions. Les « frondeurs » venaient de saborder le quinquennat de François Hollande, allant jusqu'à déposer une motion de censure contre leur propre gouvernement, et l'avaient empêché de se présenter pour un second mandat. Le PS s'était lui-même condamné à porter une candidature marginale à l'élection présidentielle. Et l'extrême droite était déjà en embuscade.

Emmanuel Macron, lui, n'avait pas peur de mettre en avant ses convictions européennes et de proposer aux Français de se battre pour que l'Europe reprenne son destin en main. Il en a même fait l'un des thèmes centraux de sa campagne. Jamais personne n'avait osé avant lui. C'est d'abord pour cela que je l'ai rejoint.

Vous iriez jusqu'à dire qu'Emmanuel Macron pratique une politique sociale-démocrate ?

Je ne suis pas certain qu'il revendiquerait cette étiquette. Vous devriez lui poser la question ! Je crois que ce n'est tout simplement pas son histoire. Mais il me paraît clair que, face à la crise pandémique, la double politique de protection des plus vulnérables et de relance de notre économie qu'il a choisi de mettre en place était d'inspiration sociale-démocrate. Le fait est, aussi, que son attachement à l'Europe et sa détermination à lutter contre toute forme d'assignation à résidence résonnent avec les fondamentaux de la social-démocratie tels que je les conçois.

Il n'a jamais été facile pour les électeurs de gauche de se reconnaître dans une social-démocratie « à la française ». On l'a vu avec Rocard, Delors et même avec Hollande. Peut-on savoir ce que recouvre encore pour vous le courant social-démocrate ?

La social-démocratie, pour moi, c'est l'idée que le pragmatisme est du côté de la gauche, si elle prend ses responsabilités en travaillant à la construction des justes équilibres, qui doivent toujours être aussi des équilibres justes. C'est l'école qui émancipe les individus, en luttant contre l'injustice collective des inégalités de destin. C'est l'économie de marché, dans un cadre de régulation qui en prévient les dérives. C'est la « valeur travail », qui n'a de sens que s'il y a bel et bien redistribution de la valeur *produite par le travail.* C'est un attachement indéfectible à la laïcité et à l'ensemble des principes de liberté de notre République, à la fois contre ceux qui les remettent en cause et contre ceux qui les dévoient pour exclure et pour stigmatiser. C'est un combat pour la souveraineté de la France, indissociable d'un effort pour renforcer notre souveraineté européenne, qui en est le prolongement et la meilleure garantie dans un monde marqué par le retour des jeux de puissance. C'est un effort pour concilier la croissance dont nous avons besoin et l'impératif écologique qui s'impose aujourd'hui. Et c'est, enfin, une méthode fondée sur la concertation et le compromis, mais qui assume clairement un objectif de progrès partagé.

Qui porte ces idées-là, aujourd'hui ?

Dans la majorité rassemblée autour d'Emmanuel Macron, je reste convaincu qu'il y a toujours un espace pour faire vivre au présent cette vision de la social-démocratie française. En 2017, le PS aurait dû engager une discussion structurée avec la majorité pour se donner les moyens de continuer à peser. Il a préféré aller se cacher dans l'opposition. Résultat : cinq ans plus tard, il n'a pas eu d'autre choix que de se mettre dans la roue de La France insoumise pour tenter de rester dans la course. Mais où est passé son engagement européen ? Où est passée sa crédibilité sur les sujets économiques ? Où est passée sa capacité à tenir un langage de vérité aux Français ? Je suis triste de voir ce que ce parti est devenu. Surtout, je suis inquiet de ce qui arrivera en 2027, si l'ensemble de celles et ceux qui se reconnaissent dans les valeurs de la social-démocratie ne font pas bloc avec l'ensemble des progressistes sincères.

Vous craignez de voir l'extrême droite l'emporter ?

Ce serait une catastrophe pour notre pays et pour l'Europe.

Marine Le Pen et ses épigones tentent manifestement d'afficher un masque de respectabilité. Mais qu'y a-t-il sous ce masque ? Il y a des menaces gravissimes pour notre pacte républicain de liberté et d'égalité. Et il y a toujours – ne nous y trompons pas – un véritable projet de déconstruction européenne, qui relève de la folie pure et simple dans un monde en voie de brutalisation comme le nôtre. Laisser le champ libre à un tel projet serait une terrible erreur, que nous ne pouvons vraiment pas nous permettre aujourd'hui.

Aux racines d'un engagement

Pendant dix ans, de mai 2012 à mai 2022, vous avez été de tous les gouvernements. D'abord comme ministre de la Défense, puis comme ministre de l'Europe et des Affaires étrangères. Pourtant, rien ne vous destinait à endosser un jour de telles responsabilités. Comment le gamin de Lanester que vous étiez en est-il venu à parcourir le monde, une décennie durant, pour porter la voix de la France ?

Commençons par le commencement, si vous voulez bien. Avant de traverser les mers et les océans, il m'a fallu traverser le Scorff ! C'est la rivière qui sépare Lorient de Lanester, où nous vivions avec mes parents. Tout a donc débuté par un pont : un pont de chemin de fer, qui reliait ces deux villes et qui les relie toujours. Ce qui n'existe plus aujourd'hui, en revanche, c'est l'étroite passerelle qui courait le long de ce pont. À partir de l'âge de 10-11 ans, je l'ai traversée tous les matins, sur mon vélo. Et ma vie en a été changée.

En classe, j'avais toujours eu de bons résultats, parce que j'ai toujours aimé apprendre. Après l'école élémentaire, ma voie semblait donc toute tracée : je passerais mon certif', je resterais à Lanester et je suivrais la formation qui préparait à rejoindre l'Arsenal, c'est-à-dire la Direction des constructions et armes navales, qui s'appelle aujourd'hui Naval Group. C'était déjà l'un des fleurons de notre industrie de défense. À condition de travailler dur, on pouvait y faire de belles carrières. Avec un simple certificat d'études, certains devenaient par exemple techniciens supérieurs.

J'imagine que le destin s'est chargé de contrarier ce plan de carrière ? Qui vous a permis de bifurquer, d'en décider autrement ?

Un instituteur, l'abbé Le Mentec, qui me voyait bien prendre un autre chemin. Il a su rallier mes parents à cette ambition et il a fait en sorte que j'obtienne une bourse qui m'a permis d'intégrer le collège Saint-Louis, dans le centre de Lorient.

Alors, tous les matins, vous laissiez Lanester derrière vous pour traverser cette fameuse passerelle et vous rendre en classe.

Voilà ! Et, tous les matins, sur cette passerelle, je me demandais si j'allais être à la hauteur. Saint-Louis, pour moi, c'était un autre monde. C'était d'autres codes. Un vrai choc culturel !

Au début, je ressentais même une véritable angoisse. Une angoisse qui m'a poursuivi jusqu'au gouvernement. Au collège, mes bons résultats l'avaient peu à peu dissipée. Mais elle est toujours revenue, à chaque étape de mon parcours dans ce monde et dans cette vie auxquels – vous l'avez dit – je n'étais *a priori* pas destiné.

Comment l'expliquez-vous ?

J'y vois d'abord une part non négligeable de complexe *familial*. Car mes parents nous avaient répété un nombre incalculable de fois, à mes sœurs et à moi, qu'il fallait toujours – j'y reviens – que nous soyons *à la hauteur*. C'était leur expression : « être à la hauteur », en toute circonstance.

En y repensant aujourd'hui, je vois qu'il y avait aussi une dimension sociale. L'une des plus grandes fiertés de ma vie de ministre est d'ailleurs d'avoir lancé une Académie diplomatique d'été pour inciter les jeunes des milieux populaires à pousser les portes du Quai d'Orsay. Notre fonction publique en général et notre haute fonction publique en particulier doivent mieux refléter la diversité de notre société. C'est un enjeu majeur pour notre République.

Dans ma vie, je suis conscient d'avoir eu de très belles opportunités. J'ai eu la chance de faire des choses vraiment passionnantes et de servir mon pays au plus haut niveau. Mais je sais aussi que, trop souvent, ces opportunités ne se présentent jamais, même pour les plus méritants. Cela doit changer.

Revenons à Lanester, à votre environnement familial et à une époque où les enfants et les adolescents, quels qu'ils soient, étaient soumis à une autorité morale et religieuse particulièrement contraignante. Dans un tel contexte, comment imaginiez-vous votre avenir ?

Ma mère n'aurait certainement pas vu d'un mauvais œil que je m'oriente vers la prêtrise, comme l'avait fait son frère. Et elle me le faisait comprendre. Il m'est d'ailleurs arrivé de lui répondre que je préférais être évêque, tant qu'à faire !

Vous vous y prépariez de bonne foi si j'ose dire ?

Mes parents m'emmenaient parfois dans des retraites spirituelles. Comme beaucoup de petits Bretons d'alors, j'étais par ailleurs enfant de chœur. Et même un enfant de chœur un peu trop enthousiaste… Lors d'une messe de minuit, je me rappelle avoir été désigné pour porter l'Enfant Jésus dans la crèche. Sans doute impressionné par cette délicate mission, j'ai buté sur la marche de l'autel. La statue s'est brisée en deux, au beau milieu de l'office. Tout le monde s'est mis à rire, sauf mes parents. Moi, je n'en menais pas bien large. Mais le curé était un homme prévoyant : dans la sacristie se trouvait un petit Jésus de rechange !

Trop de signes avant-coureurs pour imaginer que vous puissiez un jour entrer dans les ordres ! Qu'avez-vous finalement fait de votre vie après avoir obtenu votre « bachot » comme on disait alors ?

Je me suis inscrit en hypokhâgne au lycée de Cornouaille, à Quimper. À l'époque, on ne pouvait pas faire d'études supérieures à Lorient. Il fallait partir. C'est pourquoi, bien plus tard, je me suis battu aux côtés de Louis Le Pensec et Jean Giovannelli pour que l'université Bretagne Sud voie le jour. Il y avait clairement un manque à combler. Mais nous avons dû lever bien des réticences et déjouer bien des mauvaises volontés. Je suis très heureux que nous ayons réussi, et je suis très fier de ce que représente l'UBS aujourd'hui, pour Lorient, mais aussi pour Vannes et Pontivy.

Pour revenir à mon année d'hypokhâgne à Quimper, j'y ai découvert à la fois l'enseignement public et les classes mixtes. Nouveau choc culturel, donc ! Surtout, j'ai eu l'impression de trouver ma voie, grâce à une professeure d'histoire absolument passionnante, Mme Le Cam. Elle a affermi en moi le goût de cette discipline, qui m'avait toujours beaucoup intéressé.

C'est à ce moment-là que l'idée d'enseigner vous a traversé ?

Sans doute, car je me suis mis à envisager très sérieusement une carrière de professeur. Mais ce qui m'attirait vers l'histoire, en vérité, c'était déjà la politique, dont elle est la meilleure école. De toute façon, personne dans ma famille n'aurait songé à m'envoyer faire Sciences Po, dont nous n'avions jamais entendu parler. Alors, ce sont les livres d'histoire qui m'ont tenu lieu de formation à la vie publique.

Rien de tel que l'histoire pour s'exercer à percevoir le jeu des rapports de forces, à reconnaître la part des contingences humaines dans le cours du monde, à changer de focale pour embrasser aussi bien l'accélération des événements que les tendances au long cours. Bref, pour commencer à regarder en face la politique et les hommes.

Mais la politique et l'histoire s'invitaient aussi chez vous…

Oui ! À la maison, nous avions un rituel : chaque soir, après le bénédicité, nous dînions en écoutant les actualités radiophoniques. Chez moi, à Rennes, je garde précieusement le vieux poste TSF autour duquel nous nous réunissions avec mes parents et mes deux sœurs, Marie et Thérèse.

C'était au tournant des années soixante. La guerre froide fracturait le monde. Les combats pour la décolonisation faisaient rage. Des grèves assez dures éclataient. Je nous revois dîner en famille, dans ce grand fracas de l'histoire en marche. Et je n'en perdais pas une miette !

Mon père y allait parfois d'un commentaire bien senti contre untel ou untel. Moi, j'écoutais, j'apprenais, parfois, je posais une question. Je commençais à me faire mes propres opinions.

Vous étiez tout de même à bonne école, si je puis dire. Vos parents étaient ce qu'on appellerait aujourd'hui des « cathos de gauche », c'est-à-dire des croyants totalement engagés dans la vie sociale et citoyenne.

Ils étaient portés par une double ferveur, dont je me suis senti le dépositaire jusqu'à mes 20 ans : la ferveur de la foi et la ferveur d'un combat pour la condition ouvrière. À cette époque, l'Église s'était lancée dans un grand mouvement de réengagement social, dont mes parents étaient des militants actifs. Je crois que cela faisait très profondément partie de ce qui donnait du sens à leur vie. Et c'est ce qui orientait l'éducation qu'ils nous ont donnée. Un détail pour le moins symbolique : il se trouve que nous habitions dans la paroisse Saint-Joseph, qui n'est autre – vous le savez – que le saint patron des travailleurs ! Le hasard fait parfois bien les choses.

Pouvez-vous nous faire un portrait de ces parents ouvriers qui vous ont élevé et éduqué ?

Mon père s'appelait Jean. Il était vendeur de pièces détachées automobiles dans une entreprise où il était entré à 14 ans, après une enfance plutôt tumultueuse, marquée par plusieurs fugues et l'intervention providentielle d'un curé, l'abbé Turpin, qui l'a aidé à s'en sortir. Sa mère, ma grand-mère donc, tenait un bistrot à dockers. Vous imaginez l'ambiance. D'ailleurs, son mari était lui-même docker. Mais il est mort un peu après la fin de la Première Guerre mondiale, et j'ai découvert assez récemment qu'il avait pris part aux batailles les plus terribles, des Dardanelles à Verdun.

Ce passé héroïque, mon histoire familiale l'avait complètement occulté. Je ne l'ai appris que lorsque j'étais ministre de la Défense, en cherchant sa trace dans les archives. On m'avait toujours dit qu'il était « mort de boisson ». En réalité, il avait sans doute été gazé. Pour ma dernière prise d'armes à l'Hexagone Balard, on m'a d'ailleurs fait la surprise de mettre à l'honneur le drapeau de son dernier régiment : le 2e RIMA du Mans. J'en ai eu des frissons.

Et votre mère ?

Ma mère s'appelait Louisette et elle était de Quimperlé. Son père était officier marinier dans la Royale. Avant de se marier, elle était couturière. Lorsqu'elle a pris l'avion pour la première fois, c'était au moment du concile de Vatican II, qui a modernisé l'Église et reconnu un rôle plus important aux laïcs dans l'apostolat. Elle avait justement été invitée à Rome pour s'exprimer sur le thème de l'éducation ouvrière. Nous en étions tous très fiers.

Contrairement à ce qu'on pourrait imaginer, mes parents ne se sont toutefois pas connus en Bretagne. Figurez-vous qu'ils se sont rencontrés… à Paris ! Ils étaient tous les deux responsables nationaux de la Jeunesse ouvrière chrétienne, la JOC.

Et, à ce titre, ils devaient régulièrement se rendre à la capitale pour des réunions. Je suis donc, en quelque sorte, un petit de la JOC ! Et, en disant cela, je ne plaisante qu'à moitié. Car, à travers mes parents, qui ont ensuite poursuivi leur engagement au sein de l'Action catholique ouvrière, j'ai baigné toute mon enfance et toute ma jeunesse dans cette culture militante très singulière.

Chez moi, on parlait aussi bien de la lutte des classes que du Jugement dernier ! Il n'était d'ailleurs pas rare que les deux questions se mélangent. Après tout, pourquoi choisir ?

La foi et la conscience sociale se rejoignaient dans un mot d'ordre : la promotion collective. C'était extrêmement important pour mes parents, et c'est l'héritage qu'ils m'ont laissé : la conviction que le progrès peut et doit naître de l'engagement aux côtés des autres. Chez les « jocistes », la promotion collective prenait un tour très concret. Elle se manifestait, en toute circonstance, par un réflexe de solidarité.

On est déjà dans un engagement socialiste qui ne disait pas encore son nom. Le quartier général de cette entraide de proximité était installé chez vos parents, j'imagine ?

En effet, et la solidarité faisait vraiment partie intégrante de notre quotidien. D'ailleurs, je me rappelle un choix très significatif de mes parents : entre la télévision et le téléphone, ils ont choisi le téléphone. Vu les prix de l'époque, nous n'aurions pas pu nous permettre d'avoir les deux. Alors, pourquoi le téléphone? Parce que c'était au fond, pour eux, un outil de militantisme.

C'était un moyen de rester en contact avec les uns et les autres en permanence. Et c'était aussi un moyen de rendre service : si quelqu'un avait besoin de passer un appel, il venait à la maison, puisque nous étions les seuls du quartier à disposer de cet appareil.

Il y avait donc la solidarité dans le quotidien, et il y avait aussi la solidarité dans les moments exceptionnels. Je me souviens, par exemple, que mes parents ont aidé des militants algériens passés dans la clandestinité.

À l'époque, tout cela nous semblait aller de soi. Avec le recul, je mesure la chance que j'ai eue d'être élevé par des parents de cette trempe.

Cet engagement-là, cette abnégation pour autrui s'articule autour de valeurs qui traversent aussi bien le catholicisme, le syndicalisme et la République. Personne n'y voyait de contradictions, y en avait-il d'ailleurs ?

C'était une autre forme d'engagement que l'engagement politique et l'engagement syndical à proprement parler, qui était d'ailleurs encouragé. Mon père avait sa carte à la CGT. Mais, en plus de l'Action ouvrière chrétienne, il militait surtout à la Confédération syndicale des familles, où il était très investi sur les questions de logement social, d'allocations familiales et de bourses scolaires. Bref, il était un peu sur tous les fronts. Je le revois prendre la parole à la Bourse du travail de Lorient après le défilé du 1er Mai. Chaque année. Là non plus, je n'en perdais pas une miette. Là aussi, j'apprenais. C'est un souvenir émouvant pour moi. Il n'aurait manqué ce rendez-vous sous aucun prétexte, pas plus qu'il n'aurait manqué la messe du dimanche matin.

Pour ce qui est de la politique, mon père n'en faisait pas jusqu'à ce que Jean Maurice, l'emblématique maire communiste de Lanester, lui propose de se présenter sur sa liste, en 1971. Il devait ensuite enchaîner sur deux autres mandats. Si bien qu'en 1983, quand j'étais maire de Lorient, je me suis retrouvé à présider des réunions de notre syndicat intercommunal auxquelles siégeait… mon propre père. Ça m'a fait quelque chose ! Comme si la boucle était bouclée. Je suis content que nous ayons pu partager des moments comme ceux-là, car je lui dois évidemment beaucoup.

Retrouvons votre destinée à vous Jean-Yves Le Drian. Nous sommes en 1968, c'est le crépuscule du gaullisme, mais aussi une époque où les nouvelles générations contestent la société et vous en êtes. C'est Mai 68. Où étiez-vous à ce moment-là ?

J'étais à Rennes, où je venais d'achever ma licence d'histoire. Je préparais un mémoire consacré à la jeunesse ouvrière lorientaise dans l'entre-deux-guerres, sous la direction de Michel Denis, qui était membre du SNESUP et allait lui-même jouer un rôle important dans le mouvement. Dans le prolongement de la tradition familiale, j'étais pour ma part militant de la Jeunesse étudiante chrétienne. Et militant de l'UNEF, puisque l'engagement syndical – je vous le disais à l'instant – était fortement encouragé.

Vous vous êtes donc retrouvé en première ligne quand les événements de mai ont éclaté.

Pour beaucoup de mes camarades, ce mouvement allait marquer une rupture. Pour moi, c'était plutôt comme un prolongement naturel de ce que j'avais vécu depuis que j'étais tout petit, avec mes parents. J'y retrouvais le même enthousiasme dans l'action collective.

Comme je n'étais ni maoïste, ni trotskyste, ni d'aucune tendance, j'étais souvent désigné par mes camarades pour parler au nom de l'UNEF. Trois jours après la nuit du 10 mai, qui avait vu se dresser des barricades rue Gay-Lussac à Paris, de grandes manifestations ont eu lieu dans la capitale comme en province. Tout le monde marchait ensemble – les lycéens, les étudiants et les syndicats professionnels. C'est ainsi que je me suis retrouvé, sur le parvis de la préfecture de Rennes, à haranguer une foule de plusieurs milliers de personnes.

C'était votre baptême du feu en quelque sorte ?

C'est un moment que je n'ai jamais oublié ! Et j'y repense d'ailleurs à chaque fois que je passe la grille de la préfecture.

Mais, peu à peu, des incompréhensions ont commencé à se creuser entre le mouvement étudiant, dont j'étais l'un des représentants, et le mouvement ouvrier auquel j'avais au fond toujours eu l'impression de faire partie. Et je le vivais assez mal. Certains voulaient nous entraîner vers une forme d'aventurisme anarchisant qui laissait perplexes ceux pour qui des avancées sociales concrètes étaient urgentes.

C'est le social-démocrate en puissance qui perçait déjà sous le jeune militant…

Pour moi, le militantisme n'a jamais été une fin en soi. Quand on se mobilise, c'est pour créer les conditions d'un rapport de forces et obtenir des résultats sur un point précis. Sinon, c'est de la posture. C'est la ligne que je me suis toujours efforcé de tenir par la suite, de la mairie de Lorient au Quai d'Orsay.

Nous parlerons de diplomatie tout à l'heure. Mais j'aimerais que vous nous disiez d'abord de quelle manière on peut jouer sur ces rapports de forces dont vous parlez quand on est, par exemple, à la tête d'une municipalité comme Lorient.

Je vais prendre un exemple : la construction de l'hôpital du Scorff, à Lorient. Avant, la ville comptait deux hôpitaux : le centre hospitalier Bodélio, dont les bâtiments étaient en mauvais état, et l'hôpital militaire Calmette, que le service de santé des armées comptait fermer. Une négociation s'engage avec la municipalité. Ma position est alors très claire : soit l'État accompagne la construction d'un nouvel hôpital pour remplacer Bodélio et Calmette, soit je bloque tout. Soit le partenariat, soit la confrontation. Voilà une manière de créer un rapport de forces politique.

Cela a suffi pour avoir eu gain de cause ?

J'ai obtenu un engagement de principe, dans un courrier signé par les ministres de la Défense et de la Santé. Ensuite, il s'est avéré que d'autres communes voulaient, elles aussi, accueillir le projet. L'idée leur avait été soufflée par la droite morbihannaise, qui avait voulu semer la discorde dans le pays de Lorient pour m'affaiblir à l'approche de nouvelles élections législatives. Pour sortir de l'impasse, j'avais besoin de parler directement au ministre de la Santé, qui refusait de me recevoir. Il faut dire qu'un changement de majorité était passé par là. C'était après les législatives de 2002. J'ai alors menacé d'aller camper devant son bureau jusqu'à être reçu, en conviant la presse. J'ai fait passer le message par son collègue de l'Intérieur, à qui je suis allé exposer mes intentions à la fin d'une séance à l'Assemblée.

Question de tactique, de tension, de pression en quelque sorte…

Voilà. L'invitation, d'ailleurs, n'a pas tardé à arriver. J'étais déterminé. Je crois que je l'aurais vraiment fait. En tout cas, cette semaine-là, j'ai pris le train pour Paris avec un sac de couchage dans mes bagages !

Pour obtenir des résultats, on peut jouer sur des actions symboliques. Mais il faut le faire dans le cadre d'un vrai rapport de forces politique. C'était déjà ma position en 68. Elle n'a pas changé par la suite.

Après cette année 1968 agitée, les premières épreuves du feu, il était déjà clair que la politique vous tendait les bras…

Non, pas encore. Aussi étonnant que cela puisse paraître, je suis passé sans transition des AG et des manifestations aux salles de classe d'un lycée tenu par des religieuses, à Hennebont ! Les élections législatives de juin et la nomination de l'austère Maurice Couve de Murville à Matignon avaient quelque peu douché mon enthousiasme militant. Surtout, il fallait que je me mette à gagner ma vie : comme je n'avais pas rendu mon mémoire de maîtrise à la fin de l'année en raison de mes engagements, je ne touchais plus de bourse étudiante. Quand l'opportunité s'est présentée de donner quelques heures de cours à des élèves de seconde, je l'ai donc saisie.

Que savaient les sœurs du rôle que vous aviez joué à Rennes durant l'effervescence étudiante ?

Je n'ai jamais eu de certitude à ce sujet. En tout cas, elles n'en disaient rien. Peut-être comptaient-elles secrètement me remettre dans le droit chemin ! Je vais vous faire une confidence : nous nous entendions très bien. On m'a récemment donné une photo de cette époque, où l'on voit une religieuse occupée à me couper les cheveux. Il faut dire que j'avais pris l'habitude de les porter assez longs, ce que tout le monde ne voyait pas d'un très bon œil. Et pas seulement les sœurs.

Et vous aimiez enseigner ?

Oui, au point de passer l'agrégation d'histoire l'année suivante, tout en continuant à donner des cours. Mais je vivais entre Rennes, Hennebont et Paris, où j'allais régulièrement pour des réunions de la Jeunesse étudiante chrétienne. Et ma préparation au concours s'en ressentait. Je n'ai pas été reçu cette année-là. Michel Denis m'a pris entre quatre yeux et m'a remis les points sur les « i ». L'année suivante, j'ai travaillé avec plus de sérieux et j'ai eu le concours. Mais, après un an de stage, j'ai dû partir au service militaire.

Compte tenu de vos diplômes et de votre agrégation, vous l'avez fait en qualité d'officier ?

Pas du tout. Je ne sais pas ce que les sœurs savaient ou ne savaient pas. Mais, à l'armée, je pense que j'avais été repéré ! Je me suis retrouvé soldat de deuxième classe, affecté dans le régiment du train de Saint-Lô, dont j'ai d'ailleurs aussi eu le plaisir de retrouver le drapeau lors de ma dernière prise d'armes de ministre. J'ai donc passé un an à conduire des poids lourds sur les routes du Grand Ouest. Puis j'ai épousé Christine, ma première femme. J'ai obtenu un poste d'assistant en histoire contemporaine à l'université Rennes II. Il faut le dire : à cette époque, le militantisme n'occupait plus la même place dans ma vie.

Qu'est-ce qui vous y a ramené ?

François Mitterrand ! Mon collègue historien Jean-Michel Gaillard, qui est malheureusement décédé aujourd'hui, m'avait convaincu d'assister à un *meeting* où Mitterrand devait prendre la parole.

C'était chez nous, à Rennes, pendant la campagne présidentielle de 1974. J'ai vu le Mitterrand des grandes envolées. Il parlait du programme commun et du rassemblement de la gauche.

Il parlait d'une France du partage. Il parlait de la force du mouvement social. Tout ce qu'il disait résonnait en moi.

Sa hauteur de vue m'a fait forte impression. J'ai voté pour lui, j'y croyais. Je savais qu'il pouvait changer la donne. Mais cette fois-ci n'était pas encore la bonne. Ce serait la suivante : 1981.

Je n'ai toutefois pas attendu pour prendre ma carte au Parti socialiste. C'était le début d'une aventure qui allait durer plus de quarante ans, jusqu'à un jour de 2018, où un secrétaire national en intérim a jugé bon de déclarer qu'aucun membre du gouvernement ne pourrait voter au prochain congrès. J'ai compris que le message s'adressait à moi. J'ai rendu ma carte.

Mais, à l'époque, le PS comptait encore. Surtout à Lorient. C'est là que je militais, quand je n'étais pas à Rennes pour mes cours. Lorient était un bastion du socialisme breton. Yves Allainmat était député. La mairie était dirigée par Jean Lagarde. Toute une époque.

Est-ce à dire que le Parti socialiste que vous avez connu est aujourd'hui méconnaissable ?

Le Parti socialiste a bien changé. C'est certain. Mais, plus généralement, je crois que la manière de s'engager a aussi beaucoup changé. À l'époque, c'était un vrai choix de vie. Non seulement pour moi, qui ai très vite brigué des mandats électoraux, mais aussi pour de nombreux militants de base qui se battaient pour leurs idées en tractant, en tentant de convaincre, en travaillant à formuler des propositions. Je ne suis pas certain que les partis aient la même force d'attraction et de mobilisation aujourd'hui.

Quelle a été la première élection à laquelle vous vous êtes présenté ?

Mes camarades de la fédération morbihannaise du PS m'ont demandé de me présenter à Belle-Île, aux élections cantonales. Pour une raison très simple : ils ne trouvaient personne d'autre ! Même si je n'y avais jamais mis les pieds, j'ai décidé de relever le gant. J'ai pris le bateau, fait campagne et obtenu 20 % des suffrages. Aujourd'hui, ce ne serait pas si mal. Le problème, c'est que Christian Bonnet, candidat sortant et ministre de l'Intérieur giscardien, en a obtenu 80 ! Sur place, tout le monde le connaissait. Je ne faisais pas le poids. Mais, depuis, j'ai toujours ressenti une affection particulière pour Belle-Île et les Belle-Îlois.

Un peu plus tard, à Lorient, en 1977, j'ai été élu pour la toute première fois, sur la liste de Jean Lagarde. Je suis devenu son adjoint à l'action économique. C'était très formateur, notamment pour me familiariser avec toutes les questions liées à la pêche et avec les enjeux de l'industrie de défense. Ma route a donc rapidement recroisé le chemin de l'Arsenal. De mon enfance à mon passage à l'hôtel de Brienne et au Quai d'Orsay, le fait est que Naval Group a toujours fait partie de mon histoire. J'y ai évidemment aussi consacré beaucoup de temps et d'énergie au Palais Bourbon, comme tous les députés de la cinquième circonscription du Morbihan qui m'avaient précédé et qui m'ont succédé, à commencer par Gwendal Rouillard, à qui j'ai été très heureux de passer le relais.

À Lorient, Naval Group ou plutôt DCN était aussi implanté sur le site de la base sous-marine de Keroman, que la Marine a décidé de fermer lorsque vous étiez maire.

Le tout dernier sous-marin a quitté Lorient en 1997, ce qui a été un moment très émouvant pour nous tous. Bien sûr, nous savions que nos installations n'étaient pas adaptées aux nouveaux sous-marins d'attaque nucléaires qui remplaçaient progressivement les sous-marins à propulsion classique. Mais la fermeture de la base fut tout de même un sacré coup dur pour la ville. Cette décision impliquait la suppression de plusieurs centaines d'emplois et elle touchait à des chapitres très sensibles de l'histoire de Lorient. Souvenez-vous : cette base avait été construite par l'Allemagne nazie, durant la Seconde Guerre mondiale, pour abriter l'essentiel des *U-boote* sur lesquels elle comptait pour remporter la bataille de l'Atlantique.

C'est ce qui a valu à Lorient de très intenses bombardements alliés. Lorsque je suis né, en 1947, la ville était encore un champ de ruines. Avant de déménager à Lanester avec mes parents, nous avons d'ailleurs vécu quelques années dans ce qu'on appelait à l'époque une « baraque américaine ». Mais la forteresse de la *Kriegsmarine*, elle, avait tenu. Il faut dire qu'elle est faite de véritables bunkers. La Marine nationale avait donc pris le parti de réaménager ce site pour se l'approprier. C'est ainsi que cet endroit de sinistre mémoire était devenu l'un des lieux clés d'une ville déterminée à se relever et à jouer un rôle important dans la défense de notre pays.

Comment avez-vous réagi à la décision du ministère de la Défense ?

Avec Norbert Métairie, qui était alors mon premier adjoint et qui devait ensuite lui-même devenir maire de Lorient, nous avons compris qu'il nous faudrait, à notre tour, trouver un moyen de dépasser le choc de cette perte afin d'aller de l'avant. Au fond, toute l'histoire récente de Lorient est dans ce défi.

Les réflexions et les discussions ont duré des années. Nous voulions faire de la base un lieu d'histoire et de mémoire, mais aussi un lieu du présent, à l'image de la ville que nous aimions, cette ville tournée vers le large et pleine d'énergie.

C'est ainsi qu'est née « Lorient la Base ». Aujourd'hui, on y trouve à la fois la Cité de la voile Éric-Tabarly, un pôle d'excellence dédié à la course au large, une salle de concert, un centre d'affaires et, bien sûr, un sous-marin que le public peut visiter !

Revenons vingt ans plus tôt lorsque vous êtes élu député, en 1978, pour la première fois. La France est alors giscardienne. Elle subit de plein fouet les effets du premier choc pétrolier, mais à la faveur de la victoire de l'opposition aux élections municipales de l'année précédente et dont vous veniez de profiter, la gauche reprend des couleurs. Au plan national, la droite conserve néanmoins, mais de justesse, la majorité, mais vous, dans la cinquième circonscription du Morbihan, vous battez le candidat du RPR. Vous venez d'avoir 30 ans. Racontez-nous comment on devient député à 30 ans alors que tout, au départ, vous destinait à être professeur d'histoire à l'université de Rennes ?

C'est la confiance d'Yves Allainmat qui m'a décidé. Il avait 70 ans. Il ne voulait plus se présenter. Un jour, il me demande de venir déjeuner avec lui à Paris, au restaurant de l'Assemblée. Sans plus de précisions. Très franchement, je ne faisais pas le fier ! Aller à l'Assemblée, assister à une séance, c'était déjà pour moi un moment incroyable. Je cire mes chaussures et je prends le train. Là, il me dit que, mon parcours étant ce qu'il est, il pense que je suis en mesure de rassembler largement sur mon nom. Il voyait mon double héritage chrétien et ouvrier comme une force. Il m'a demandé de lui succéder. Je ne vous le cache pas : sa proposition m'a laissé un peu estomaqué ! Je n'avais jamais imaginé que mon chemin passerait par Paris et par l'Assemblée. Entretemps, j'avais commencé une thèse d'histoire, sur les forges d'Hennebont.

Yves a poussé l'élégance jusqu'à être mon suppléant. Mais il a mis une condition : je devais accepter de me couper les cheveux, une bonne fois pour toutes! En politique comme dans la vie, il y a des occasions qui ne se présentent pas deux fois. Paris valait bien un rendez-vous chez un vrai coiffeur.

En traversant le pont de la Concorde pour ma première séance à l'Assemblée, je me souviens m'être dit une chose qui ne vous surprendra sans doute pas : qu'il me faudrait être à la hauteur !

Comment s'est forgée votre ambition pour la Bretagne ?

Pendant longtemps, mes mandats de maire et de député m'ont accaparé. Je vous assure que Lorient et les Lorientais avaient largement de quoi occuper mes semaines. Mais, au fil des années et des rencontres, j'ai commencé à me forger une vision plus large de la Bretagne.

Elle doit beaucoup aux moments très enrichissants que j'ai passés avec mes amis Lucien Gourong, le plus savoureux des conteurs de nos petites et grandes histoires bretonnes, Jean-Pierre Pichard, l'un des visionnaires qui ont fondé le Festival interceltique de Lorient, et Michel Le Bris, ce Breton « du monde entier », pour reprendre le beau titre d'un de ses livres.

Grâce à eux et à tant d'autres rencontres, j'en suis venu à sentir dans ma chair que la Bretagne n'était pas une abstraction, mais une énergie à nulle autre pareille. Cette énergie m'a toujours porté. Et je crois que c'est elle qui m'a poussé à me lancer dans ce défi.

Je dois aussi beaucoup aux socialistes bretons qui ont lancé le Bureau régional d'études et d'informations socialistes pour cristalliser la réflexion de la gauche sur le développement économique, social et culturel de la Bretagne : Charles Josselin, Edmond Hervé, Louis Le Pensec, Bernard Poignant et quelques autres.

Et, peu à peu, j'ai senti que le contexte politique devenait de plus en plus favorable. Depuis la fin des années soixante-dix, la gauche gagnait du terrain en Bretagne. Il fallait transformer l'essai.

Avec la liste « Bretagne à gauche, Bretagne pour tous », je me suis mis à penser que nous pourrions y arriver. Et nous l'avons effectivement emporté, en 2004 !

Voilà comment je suis devenu le premier président socialiste de la Région Bretagne, avant de passer le flambeau à un autre socialiste, Loïg Chesnais-Girard.

Avec un peu de recul, que retenez-vous de votre bilan à la tête de la Région Bretagne ?

Quand j'étais à la tête de la Région, je voulais que tous les Bretons puissent être fiers de la Bretagne, car elle le mérite. Et je voulais que cette fierté puisse éclater au grand jour. Vous vous souvenez de la « Breizh Parade » de 2007 ? Des dizaines et des dizaines de cornemuses sur les Champs-Élysées, devant des milliers de spectateurs ravis. Des bateaux de pêche paimpolais sur les quais de Seine.

C'est l'une des plus grandes joies de ma vie politique : avoir vu la Bretagne se retrouver elle-même, retrouver sa fierté et retrouver aussi son dynamisme et ses valeurs dans le regard des autres.

Aujourd'hui, chacun peut voir que la Bretagne a tous les atouts pour être au rendez-vous des grands défis de notre siècle, et je sais que l'actuel président y veille. Aujourd'hui, la Bretagne est synonyme d'excellence dans le numérique et la cyberdéfense. Aujourd'hui, la Bretagne joue tout son rôle dans la transition agroécologique. Aujourd'hui, la Bretagne montre la voie sur les enjeux maritimes. Aujourd'hui, les initiatives bretonnes rayonnent partout. Oui, je suis fier d'avoir été un rassembleur, un chef d'équipe, d'avoir été capable de créer une dynamique autour de la richesse et de la diversité bretonnes.

Face à la brutalisation du monde

Avant de parler de votre passage à l'hôtel de Brienne et au Quai d'Orsay, je souhaiterais que nous revenions sur votre toute première expérience ministérielle, si vous le voulez bien. C'était en 1991, vous n'aviez que 44 ans et vous êtes entré au gouvernement d'Édith Cresson pour prendre en charge, comme secrétaire d'État, le portefeuille de la Mer.

Volontiers ! D'autant que, pour moi, ces trois sujets sont liés. Car c'est en quelque sorte grâce à la mer que j'en suis venu à comprendre que la défense de nos intérêts et de nos valeurs passe *aussi* par l'international.

La mer, j'avais appris à la connaître à Lorient. Pour être maire et député de la « ville aux cinq ports », mieux vaut en effet avoir le pied marin ! La mer avait toujours fait partie de mon imaginaire. J'avais grandi en écoutant les histoires de dockers de ma grand-mère. Mais c'est en tant qu'élu que j'ai vraiment eu le sentiment de plonger dans les réalités maritimes. C'est là que je me suis mis à m'intéresser de très, très près, au plan de charge de l'Arsenal et à tout ce qui pouvait se passer sur les quais du port de pêche de Keroman.

Qu'avez-vous ressenti en apprenant votre nomination comme secrétaire d'État ?

Lorsque j'ai appris la nouvelle, j'étais assis à mon bureau de la mairie de Lorient. J'ai tout de suite ressenti une fierté qui allait bien au-delà de ma personne. Je me suis dit : enfin une reconnaissance pour les Lorientaises et les Lorientais ! Et j'en ai été profondément touché, car j'avais alors une idée fixe : que cette ville reprenne enfin confiance en elle. Il était grand temps d'en finir avec la légende noire lorientaise qui nous plongeait en permanence dans une sorte de déclinisme et d'autodépréciation que, très franchement, rien ne justifiait et qui nous faisait beaucoup de mal. Il fallait que nous prouvions de quoi Lorient était capable. Que nous le prouvions aux autres, bien sûr. Mais d'abord et avant tout à nous-mêmes. Un maire au gouvernement, ça change la donne. Surtout pour s'occuper des questions maritimes. J'étais donc enthousiaste !

Assez vite, vous vous êtes pourtant trouvé confronté à une situation très tendue, quand vous avez engagé une réforme du statut des dockers, dossier à haut risque.

Pour tout dire, je m'y attendais. Car je savais que le métier de docker s'était enfermé dans un mode d'organisation du travail hérité d'un monde révolu et qui ne tenait plus que par un corporatisme acharné. Mais, s'agissant du contexte économique d'alors, je vais être clair : ces crispations condamnaient nos ports alors que, pour rivaliser avec nos compétiteurs, il était urgent de mettre en place une logistique d'excellence, dans un contexte de montée en puissance du commerce maritime mondial.

La mission que m'avaient confiée le Président Mitterrand et la Première ministre Édith Cresson consistait à intégrer le statut des dockers dans le droit commun des salariés, avec un contrat de travail à durée indéterminée et une mensualisation de leurs salaires. Ce n'était pas une mince affaire, d'autant que certains employeurs s'accommodaient finalement assez bien d'un mode de travail fondé sur l'intermittence. Mais, à la clef, il y avait un regain d'attractivité pour notre pays et des emplois pour nos territoires. J'étais donc déterminé à aller jusqu'au bout.

Il y eut des grèves, des manifestations, des insultes. J'ai moi-même été violemment pris à parti. Mais je ne regrette rien. Car il était temps de mettre chacun devant ses responsabilités.

À l'époque, le poste qui vous est revenu – un poste spécifiquement dédié aux enjeux maritimes – était encore une création assez récente.

Pendant longtemps, il y avait eu un « ministère de la Marine », chargé de la Marine nationale militaire. À plusieurs reprises depuis le début du siècle, il y avait eu une autorité ministérielle en charge de la marine marchande. Mais, en 1981, Louis Le Pensec était devenu le tout premier « ministre de la Mer ». Encore un progrès que notre pays doit aux socialistes et même à un socialiste breton !

Dix ans plus tard, des avancées tout à fait décisives avaient eu lieu, comme la création de l'Ifremer

(Institut français de recherche pour l'exploitation de la mer) ou la promulgation de la « loi Littoral ». Mais les enjeux maritimes me semblaient encore largement sous-estimés en France, alors même que le reste du monde commençait à en mesurer l'importance. J'avais pu m'en rendre compte dix ans plus tôt quand je faisais partie de la délégation française aux négociations de la Convention des Nations unies sur le droit de la mer.

Beaucoup restait à inventer. Beaucoup restait à faire. J'en avais la certitude, car j'étais convaincu que les révolutions maritimes qui se jouaient alors nous concernaient tous, que l'on soit marin ou plutôt « terrien ».

Je dois dire que les années et les responsabilités m'ont conforté dans cette conviction. En tant que président de la Région Bretagne, en tant que ministre de la Défense, en tant que ministre de l'Europe et des Affaires étrangères, j'ai pu constater que toutes les grandes questions de notre temps nous ramènent à la mer. Pensez au combat contre le changement climatique et pour la biodiversité, qui tire une part de son urgence de la nécessité de protéger nos océans. Pensez à la place des ressources halieutiques dans l'alimentation de milliards d'êtres humains. Pensez au rôle massif du fret maritime dans le développement du commerce mondial. Pensez aux câbles sous-marins par lesquels transite l'immense majorité des données d'Internet. Pensez à l'importance croissante d'espaces stratégiques comme l'Arctique et l'Indopacifique, qui est en passe de devenir le nouvel épicentre de la vie internationale. Pensez à l'enjeu diplomatique majeur que constituent les négociations d'un traité sur la haute mer. Pensez aux promesses des éoliennes offshores et aux rivalités qui entourent les gisements d'hydrocarbures marins. Pensez à ce qu'il reste à découvrir des hauts fonds – c'est-à-dire à peu près tout ! Pensez, aussi, aux tentatives désespérées, et dont l'issue est trop souvent tragique, des migrants qui s'aventurent sur des routes migratoires maritimes pour rejoindre l'Europe, la Grande-Bretagne ou même les États-Unis. Et pensez au retour de la piraterie, au retour des jeux de puissance en mer et au retour des tensions militaires navales.

Dans le tournant des années quatre-vingt-dix, il était déjà clair pour vous qu'une part considérable de notre avenir allait se jouer sur les mers ?

Oui, et quarante ans plus tard, je le pense encore et toujours.

À mes yeux, le XXIe siècle sera maritime. Je me réjouis que nous soyons d'ailleurs de plus en plus nombreux à le penser, notamment le Président Macron, qui en est lui aussi convaincu. Ses actes en témoignent, et pas seulement le fait d'avoir nommé un Breton, Hervé Berville, à ce secrétariat d'État ! En février 2022, la France a organisé le premier One Ocean Summit à Brest. En 2025, nous accueillerons la prochaine Conférence des Nations unies sur les océans. Autant d'excellentes initiatives.

Notre pays a toujours oscillé entre sa vocation maritime et son ancrage continental, il prend enfin la mesure de ses intérêts et de ses responsabilités en mer. Là encore, on a trop souvent tendance à les sous-estimer. Mais les faits parlent d'eux-mêmes ! La France est à la tête de la deuxième zone économique exclusive au monde (ZEE). Notre présence territoriale s'étend sur trois océans. Notre Marine dispose d'une capacité de projection et d'action que peu de pays au monde peuvent revendiquer.

J'ajoute que, depuis plus de cinquante ans maintenant, notre force océanique stratégique assure une permanence à la mer qui est le principal pilier de notre dissuasion nucléaire. Autrement dit, c'est à la mer que nous avons confié la garantie ultime que les intérêts vitaux de notre nation ne seront jamais pris pour cible, sauf à ce qu'un éventuel agresseur s'expose à des dommages absolument inacceptables. Ce n'est pas un choix anodin.

Et il y a, bien sûr, le formidable chantier de l'Europe de la mer, que notre intérêt est aussi de continuer à faire avancer. Vous le savez sans doute : la gestion des ressources halieutiques fait partie de ce qu'on appelle les « compétences exclusives » de l'UE, ce qui signifie que l'un des fondamentaux de la construction européenne est maritime. Les Européens ne doivent surtout pas l'oublier, s'ils veulent être au rendez-vous des défis d'aujourd'hui et de demain.

Alors que la mondialisation passe plus que jamais par une maritimisation du monde, la France et l'Europe doivent assumer pleinement la part maritime de leur destin. C'est ce que j'ai commencé à comprendre lorsque j'étais tout jeune secrétaire d'État. C'est ce que m'a confirmé la décennie que j'ai passée aux responsabilités. C'est – je vous le dis – l'un des messages fondamentaux que je voudrais laisser derrière moi.

Quand la gauche revient aux affaires à la faveur d'une dissolution en 1997, Lionel Jospin, Premier ministre de Jacques Chirac, ne vous propose pas de portefeuille ministériel dans ce gouvernement de la gauche plurielle. Vous en prenez ombrage ?

À vrai dire, je ne m'attendais pas vraiment à revenir au gouvernement. J'avais retrouvé mon siège de député et j'étais très mobilisé sur les enjeux du pays de Lorient. À l'Assemblée, je m'investissais aussi dans la vice-présidence de la Commission de la défense nationale et des forces armées, et je trouvais cela très stimulant.

Vous continuez votre chemin en consacrant donc l'essentiel de votre temps au pays de Lorient et aux questions de Défense nationale. Et puis, un beau jour de 2007, nous sommes donc au lendemain de l'élection présidentielle, Nicolas Sarkozy vous appelle. Il cherche à vous débaucher pour occuper le ministère de la Défense. Vous avez été surpris ?

C'était de bonne guerre, si j'ose dire ! Mais, pour moi, il n'a jamais été question d'accepter. Cette proposition me faisait honneur, bien sûr.

Mais la droite, ce n'était et ce n'est ni mon histoire ni mes valeurs. Cela ne m'a du reste pas empêché de conserver par la suite des relations très courtoises avec Nicolas Sarkozy.

L'expérience acquise à la faveur d'une première responsabilité gouvernementale vingt ans plus tôt vous a-t-elle permis d'aborder sereinement votre nomination au poste de ministre de la Défense en 2012 ?

Vous l'aurez compris : c'est en regardant la mer que j'ai commencé à voir le monde se rapprocher de nous, avec son armada de bouleversements et d'opportunités. Elle m'a donc ouvert les yeux sur ce qui allait devenir mon nouvel horizon. De là à dire que j'ai abordé sereinement ma nomination à la tête du ministère de la Défense…

Comme vous le savez, c'est une immense responsabilité à l'égard de la nation, que nos armées protègent. Et à l'égard des femmes et des hommes qui risquent leur vie pour accomplir cette mission. Là encore, j'avais conscience qu'il me faudrait être à la hauteur.

Mais je venais de passer une dizaine d'années à m'y préparer. Comme je vous l'ai dit, j'étais vice-président de la Commission de la défense nationale et des forces armées de l'Assemblée.

Et puis il y a eu l'aventure de *Sémaphore*. Derrière ce terme de marine, il y avait un groupe de réflexion sur les questions de défense, que j'ai lancé au tournant des années 2000 autour de Cédric Lewandowski, Jean-Claude Mallet, Louis Gautier et quelques autres, pour rassembler des experts issus de différents horizons et muscler les propositions de la gauche sur ces questions. Nous avons contribué aux programmes présidentiels de Ségolène Royal en 2007 et de François Hollande en 2012.

Ce qui faisait de vous un candidat naturel pour le portefeuille de la Défense lorsque François Hollande a été élu président ?

La vérité, c'est qu'avant même son élection, j'ai été chargé de faire passer des messages entre le candidat Hollande et l'administration Obama.

Un sommet de l'OTAN devait se tenir à Chicago deux semaines à peine après le second tour des élections présidentielles françaises. Ce que François Hollande comptait y annoncer, s'il était élu, méritait un peu de concertation préalable avec nos alliés, puisque notre programme posait très clairement le principe d'un retrait des troupes françaises d'Afghanistan. Il fallait que nous puissions en parler avant. J'ai donc été chargé d'aller à Washington pour préparer le terrain. C'est à cette occasion que j'ai rencontré celui qui, plus tard, allait devenir mon homologue aux Affaires étrangères : Antony Blinken, un homme brillant, francophone accompli, qui a d'ailleurs vécu plusieurs années dans notre pays. Au sein de l'administration Obama, c'était l'un des principaux conseillers en charge des questions de sécurité et de défense. J'ai tout de suite noué une relation amicale avec lui. Il est même venu me voir à Paris pour continuer nos échanges durant la campagne de François Hollande.

J'ai donc été très heureux de le retrouver en 2021, quand le Président Biden l'a choisi comme Secrétaire d'État. Les années Trump avaient fait beaucoup de dégâts dans la relation transatlantique. Il fallait les réparer au plus vite. À mes yeux, Antony était bel et bien l'homme de la situation.

Quelques mois plus tard, cela n'a toutefois pas empêché les États-Unis d'entrer dans le pacte Aukus avec l'Australie et la Grande-Bretagne, ce qui a provoqué l'annulation par l'Australie d'un contrat avec la France portant sur douze sous-marins.

J'ai eu l'occasion de dire publiquement ce que je pensais de cette décision brutale, annoncée sans explication et donc inacceptable entre alliés. Sur ma recommandation, le Président de la République a pris la décision de rappeler nos ambassadeurs en poste à Washington et Canberra. Dans la vie diplomatique, c'est un geste très rare, et par conséquent, lourd de sens.

Naturellement, je tenais aussi à dire ma façon de penser à mon homologue américain. En marge de l'Assemblée générale des Nations unies de septembre 2021, je lui ai donc demandé instamment de venir dans les bureaux de notre représentation permanente à l'ONU pour un entretien en tête-à-tête. Comme on dit chez les diplomates, ce fut un échange franc… En un sens, c'est d'ailleurs parce que nous avions développé une relation de proximité que j'ai pu lui parler comme je l'ai fait. Ce ne fut pas un moment agréable. Ni pour lui ni pour moi. Mais c'était nécessaire pour que nous puissions envisager de retisser la confiance. Le mois suivant, lors d'une rencontre en marge du G20 de Rome, c'est ce qui a permis au Président Macron et au Président Biden de relancer notre relation bilatérale sur des bases clarifiées.

La décision de retrait des troupes françaises en Afghanistan est donc prise au lendemain de l'élection de François Hollande…

Après les attentats du 11 septembre 2001, notre allié américain a décidé d'intervenir en Afghanistan en invoquant l'article 5 de l'OTAN, ce qui était une première dans l'histoire. Cette clause de défense collective, qui n'avait jamais encore été mise en œuvre, est la base de la solidarité transatlantique.

Nous devions donc être au rendez-vous, et nous l'avons été. Il y a eu, à un moment, près de 4 000 militaires français déployés sur place, et je rappelle que 90 d'entre eux y ont perdu la vie. Mais, en 2012, il était clair que la menace terroriste se rapprochait de notre sol. La chute de Kadhafi et le début de la guerre civile syrienne venaient d'ouvrir ce que nous percevions comme une dangereuse phase d'instabilité aux portes de l'Europe. Il était indispensable d'en prendre acte.

Par ailleurs, le sens de notre présence collective en Afghanistan se faisait de moins en moins net, comme du reste le sens de la stratégie américaine au Moyen-Orient, depuis l'intervention en Irak de 2003. Voilà le sentiment que nous avions en 2012. Je crois que le chaos d'août 2021, à Kaboul, ne nous a pas donné tort.

Quel sentiment cela produit d'être du jour au lendemain à la tête d'un budget de près de 50 milliards d'euros, de 300 000 hommes, 200 têtes nucléaires, une centaine de bâtiments et sous-marins, plus de 200 avions de combat, dont 81 rafales et j'en oublie ?

Comme le veut la tradition, après la passation de pouvoir avec mon prédécesseur Gérard Longuet, j'ai passé les troupes en revue. C'est là que j'ai vraiment senti, pour la première fois, le poids des responsabilités qui pesaient désormais sur moi. Puis les opérations se sont enchaînées : *Serval* au Mali, *Barkhane* au Sahel, *Sangaris* en République centrafricaine, *Chammal* au Levant, *Sentinelle* sur notre propre sol.

Qu'est-ce qui impressionne le plus le ministre de la Défense quand on est dans l'action ?

Au-delà de la compétence et du professionnalisme de nos armées, c'est le sens de l'engagement et du devoir de nos militaires. J'ai tout de suite eu beaucoup de respect et d'admiration pour eux.

Impossible de passer en revue tous les événements et les décisions dont vous avez été le témoin ou l'initiateur, mais si vous deviez retenir une seule journée des cinq ans que vous avez passés à l'hôtel de Brienne, quelle serait-elle ?

Je me suis souvent posé cette question. Ce qui me revient toujours en mémoire, ce sont en réalité deux nuits. Deux nuits assez terribles, pour tout dire.

C'est d'abord la première nuit de l'opération *Serval*, au Mali, en janvier 2013. Je vous rappelle le contexte. Dans la matinée du 11 janvier, le Président Hollande avait réuni un Conseil de défense pour faire le point sur ce qui était en train de se passer au Mali : des convois de djihadistes filaient droit sur Bamako et projetaient de transformer ce pays en sanctuaire du terrorisme islamiste. Dioncounda Traoré, le Président par intérim, avait sollicité l'aide de la France pour les arrêter. En tant que partenaire du Mali, en tant aussi que cible potentielle de ces groupes djihadistes, notre devoir et notre intérêt étaient de répondre favorablement à cette demande des autorités maliennes. Je le pensais alors et je le pense toujours. Sur la carte des menaces, le Sahel est la frontière sud de l'Europe.

Le Président était résolu à agir. Il a immédiatement annoncé sa décision dans le discours de vœux au corps diplomatique qu'il devait prononcer ce jour-là. Et il a lancé l'opération *Serval*, qui deviendrait ensuite l'opération *Barkhane*, en s'étendant à l'ensemble du Sahel. Avec une réactivité remarquable, et qui fut remarquée, nos forces sont entrées en action quelques heures plus tard. C'est alors que le chef de bataillon Damien Boiteux, qui pilotait l'un des hélicoptères déployés dans la région de Konna, a malheureusement été touché par un tir qui allait lui coûter la vie.

Cette tragédie en cache une autre – moins connue –, mais manifestement, elle vous a marqué et c'est en Somalie qu'elle se déroule.

Oui. Alors que dans la nuit du 11 au 12, la première phase de *Serval* se poursuivait et que, depuis Paris, je suivais en temps réel les frappes de nos *Mirage 2000* sur des positions djihadistes, mon esprit se portait en même temps sur un second front. Je me tenais aussi informé de la progression d'une autre opération, pour en rendre compte au Président : la tentative de libération de notre compatriote Denis Allex, retenu otage en Somalie par un groupe terroriste islamiste, les *shebabs*.

Rappelez-nous qui était Denis Allex.

Denis Allex était un agent de la DGSE (Direction générale de la sécurité extérieure). Il a été enlevé en 2009 alors qu'il effectuait une mission de formation auprès des troupes du gouvernement fédéral de transition somalien. Nous avions mis des mois à localiser le lieu où il était détenu et à préparer minutieusement une opération pour le libérer. Cette opération, il était inenvisageable de la repousser : il aurait fallu en reconfigurer les paramètres fondamentaux et, surtout, nous savions dans quelles conditions Denis Allex était détenu. Il fallait passer à l'action sans tarder.

Durant cette même nuit de janvier 2013, c'est donc par un singulier mélange de hasard et de nécessité que nous nous sommes retrouvés à mener deux missions concomitantes. Deux opérations tout à fait différentes de par leur ampleur et leur nature. Mais deux opérations qui avaient ceci de commun qu'elles étaient la réponse de notre pays à la menace du terrorisme djihadiste.

On sait que la tentative de libération s'est soldée par un échec.

L'opération a malheureusement échoué, oui. Pour des raisons qu'il aurait été impossible d'anticiper, il se trouve que l'alerte a été donnée sur la progression de nos commandos. Des échanges de tirs très nourris s'en sont suivis. Denis Allex a été froidement assassiné par ses ravisseurs. Deux de nos soldats d'élite y ont également laissé la vie. J'en ai tout de suite informé le Président Hollande. Je garde un souvenir très fort de l'hommage qu'il leur a rendu à Perpignan quelques semaines plus tard, au Centre parachutiste d'instruction spécialisée, l'un des sanctuaires du service Action de la DGSE.

Dans mon bureau de l'hôtel de Brienne, j'ai pensé à nos trois morts de Somalie, et j'ai pensé à Damien Boiteux. J'ai pensé à la force incroyable de leur engagement. Et j'ai pensé à leurs familles, comme à chaque fois que l'un de nos soldats est tombé au combat. En particulier à l'épouse de Denis Allex, que j'avais rencontrée plusieurs fois au cours des mois précédents, et bien sûr à ses enfants. Quand le jour s'est levé, nous avions donc un succès militaire à annoncer à nos concitoyens, mais aussi plusieurs morts et un échec tragique à leur expliquer. Ce 12 septembre 2013, je me souviens avoir pris la parole publiquement à deux reprises. Je tenais à ce que les Français sachent ce que nous avions entrepris au Mali, pour leur sécurité. Alors que les *shebabs* se livraient à des manœuvres de désinformation tout à fait cyniques et indignes, je tenais aussi à ce qu'ils sachent la vérité sur ce qui venait de se passer en Somalie.

Comment trouver les mots qu'il faut dans ces moments-là ? C'est une responsabilité régalienne qui parfois doit dépasser l'entendement. Comment l'incarner ?

Être ministre de la Défense, c'est devoir maîtriser des dossiers, c'est devoir proposer des orientations au Président de la République, c'est devoir porter la voix de la France auprès de nos alliés, de nos partenaires et des autres. Bien sûr. Mais c'est aussi – et peut-être d'abord – un devoir moral vis-à-vis des femmes et des hommes qui servent notre pays au péril de leur vie. Il est des moments où ce devoir est de dire comment et pourquoi ils sont tombés. Ce sont des moments très durs, oui.

J'imagine que la seconde nuit qui vous a marqué est la nuit du 13 novembre 2015.

Évidemment. Une autre nuit de deuil et de drame, où le terrorisme djihadiste a, cette fois, frappé directement sur notre sol.

Je me trouvais à Lorient, pour un *meeting* de la campagne des régionales. À mesure que la soirée avançait, des informations de plus en plus préoccupantes m'étaient transmises par mon équipe. Quand il est devenu clair qu'une attaque terroriste de grande ampleur était en cours en plein cœur de notre capitale – ce que nous redoutions depuis des mois –, j'ai tout de suite repris la direction de Paris. Alors que nous roulions à toute vitesse sur l'autoroute, j'ai échangé plusieurs fois avec le Président de la République au téléphone. Ensemble, nous avons décidé de déployer des renforts militaires en région parisienne, nous avons parlé de l'état d'urgence qui serait adopté quelques heures plus tard en Conseil des ministres.

Puis je suis arrivé à Paris, que je n'avais jamais vue ainsi. Les rues de la capitale étaient désertes, crépusculaires. Après un bref passage au ministère, je me suis rendu au PC de crise installé Place Beauvau, où j'ai retrouvé le Président de la République et le Premier ministre. Partout, des visages fermés, des regards assombris. Peu de mots. Chacun était à sa tâche. Chacun avait conscience de la gravité du moment. Tous les assaillants n'avaient pas encore été neutralisés.

C'était la nuit de vendredi à samedi. Le dimanche, je suis allé à l'École militaire, où nous avions ouvert un centre d'accueil pour les familles des victimes. C'était glaçant. J'ai vu la quintessence de la douleur humaine. Des gens effondrés. Certains étaient toujours dans l'expectative. D'autres venaient de recevoir l'épouvantable confirmation qu'un de leurs proches avait été tué, parfois un de leurs enfants.

Dans la soirée, nos avions ont mené des frappes à Raqqa, en Syrie, sur un poste de commandement et un camp d'entraînement de Daech, grâce à des renseignements que mon homologue américain, Ashton Carter, m'avait communiqués personnellement. C'est là que les attaques avaient été planifiées. C'est là que les terroristes avaient été entraînés. C'est là que devait commencer notre réplique.

Et puis le lendemain, dans l'après-midi, le Président réunit le Congrès à Versailles. Et là c'est le sort de la nation qui se joue.

C'était un moment grave, un moment historique. Comme je l'avais suggéré dans la matinée au Président, il a annoncé que la France invoquerait l'article 42.7 du Traité de Lisbonne, cette clause de solidarité qui prévoit qu'« au cas où un État membre serait l'objet d'une agression armée sur son territoire, les autres États membres lui doivent aide et assistance par tous les moyens en leur pouvoir ».

Cette annonce a d'abord suscité une forme de surprise chez nos partenaires européens, car jamais cet article n'avait été invoqué. Mais chacun a très vite compris le bien-fondé de notre geste. À l'évidence, nous ne nous trouvions pas engagés dans une guerre au sens traditionnel du terme. Pourtant, ces commandos terroristes avaient mené une série d'assauts coordonnés. Ils s'étaient servis d'armes de guerre. Ils avaient suivi une planification élaborée à l'étranger, par une entité hostile à la France et à l'Europe, le proto-État djihadiste militarisé qui se faisait appeler Daech. Et le bilan était extrêmement lourd. Plus de 130 morts. Plus de 400 blessés, dont l'état avait nécessité de pratiquer une véritable médecine de champ de bataille en plein Paris.

Lorsqu'il m'est revenu d'invoquer officiellement cette clause de solidarité devant mes homologues européens, à peine vingt-quatre heures plus tard, leur réaction a été unanime : ils nous soutiendraient. Je me souviens que la plupart d'entre eux ont tenu à me répondre en français. C'était très émouvant.

Comment nous ont-ils soutenus ?

Principalement en déployant des troupes et du matériel sur des théâtres où nos forces étaient engagées, pour nous permettre de renforcer la surveillance de notre territoire, ce qui a fait une vraie différence pour nous. Certains ont aussi intensifié leur engagement à nos côtés au Levant.

Mais ce que je retiens surtout de ce moment très fort, c'est qu'il a permis de donner un élan décisif à la défense européenne. Pendant des décennies, les Européens avaient cru pouvoir vivre à l'abri, dans un monde agité. Nous commencions à comprendre que ni la paix ni la sécurité ne sont des évidences. Pour personne.

À l'évidence, il existe, chez nos concitoyens, un lien nouveau entre l'état de conscience nationale et celle de conscience européenne. Un nouveau chapitre de l'histoire est-il en train de s'écrire en direct et sous nos yeux depuis 2015, et *a fortiori* depuis février 2022 ?

Si, plus tard, nous avons pu être au rendez-vous face à la guerre d'agression de Poutine contre l'Ukraine – en livrant du matériel militaire à la résistance ukrainienne et en la soutenant par des actions de formation –, je suis convaincu que c'est notamment parce que, le 13 novembre 2015, nous avons collectivement compris que des menaces spécifiques pèsent sur nous en tant qu'Européens. Cette date tragique est aussi la date d'une prise de conscience européenne. Avec le Président Hollande, nous avons aussi travaillé à susciter un regain de mobilisation contre Daech au niveau international. Je l'ai accompagné à Washington et à Moscou. Il m'a envoyé en mission à Ankara. En janvier, avec Ashton Carter, j'ai organisé à Brienne une réunion des ministres de la Défense et des plus importants contributeurs de la Coalition internationale contre Daech formée en août 2014. Nous avons décidé d'accroître le rythme et l'intensité de nos opérations, dans le cadre d'une stratégie centrée sur un objectif très clair : la destruction de Daech. Nous savions qu'il faudrait du temps pour venir à bout de ce fléau, nous savions qu'il nous faudrait faire preuve de « patience stratégique », comme on dit – de fait, le dernier bastion syrien de Daech, Baghouz, n'est tombé qu'en mars 2019. Mais, après le 13 novembre, la « patience tactique », elle, n'était plus de mise : il fallait agir vite et fort, contre un ennemi qui non seulement avait désigné tous les pays de liberté et de tolérance comme des cibles, mais dont l'hyperviolence fanatique s'exerçait aussi, et même d'abord, contre les populations d'Irak et de Syrie.

Aujourd'hui, Daech subsiste dans la clandestinité et sa résurgence reste une menace. Mais l'action de la Coalition a permis de reprendre la totalité des territoires d'Irak et de Syrie où les djihadistes imposaient leur loi.

Vos cinq années à la tête de la Défense n'avaient heureusement pas toujours cette coloration dramatique. Il y a de la fierté à porter le message de la France aux soldats ?

Beaucoup de fierté, évidemment. Et parfois même de la joie. Figurez-vous que j'en garde même quelques souvenirs assez beaux. Par exemple, les réveillons de la Saint-Sylvestre que nous avons passés aux côtés de nos forces, mon épouse Maria et moi. À Kaboul, à Gao, à N'Djamena et en Jordanie, où je me rappelle que nous avons dansé le rock sous les étoiles sur une base militaire. C'était un moment joyeux, arraché à des circonstances qui ne l'étaient guère.

Mais, pendant cinq ans, j'ai toujours gardé à l'esprit que, dans nos armées, la violence et la mort ne sont jamais loin. Sous une forme ou sous une autre, c'est l'horizon quotidien de nos militaires, dont je tiens à saluer l'engagement et l'excellence. Ils méritent la reconnaissance et l'estime de la nation, comme j'ai pu le constater à de très nombreuses reprises. C'est pourquoi je me suis toujours efforcé de les traiter avec le respect qui leur est dû. Et c'est pourquoi j'ai toujours eu à cœur de leur procurer les moyens de remplir leurs missions exigeantes. Croyez-le ou non : le premier et le plus constant des combats que doit mener un ministre de la Défense, c'est un combat budgétaire ! Parfois, je peux vous dire que c'est même un combat assez âpre. Mais, heureusement, j'ai toujours vu la raison l'emporter.

Dès mon arrivée, à l'été 2012, j'ai dû me battre pour éviter des coupes budgétaires. Dans la Loi de programmation militaire (LPM) de 2014, je suis parvenu à faire accepter le principe d'une stabilisation des budgets de nos armées, après plusieurs années de baisse. Et, dans l'actualisation de la LPM de 2015, j'ai même réussi à inverser la tendance. La nouvelle loi de programmation de 2019 est venue confirmer cette trajectoire de hausse, et je m'en félicite. Derrière les chiffres, il y a les effectifs de nos armées. Il y a les matériels et armements dont elles disposent. Et il y a des choix, tout à la fois politiques et stratégiques, qui engagent la nature même de notre outil militaire. Je n'ose imaginer où nous en serions aujourd'hui, alors que la guerre est de retour sur notre continent et que les jeux de puissance sont de retour partout dans le monde, si nous avions renoncé à maintenir des effectifs et une capacité de combat à la hauteur de cet environnement stratégique en constante dégradation.

Avez-vous dû mener des combats budgétaires similaires quand vous étiez à la tête du ministère de l'Europe et des Affaires étrangères ?

Tout à fait, et j'y ai mis la même détermination. On a trop longtemps voulu faire peser un impératif de réduction des dépenses publiques sur ces deux ministères, alors même que les bouleversements du monde rendaient leurs missions à la fois plus cruciales, plus nombreuses et plus difficiles.

Face à des menaces et des défis sans précédent, nous avons besoin de pouvoir compter *et* sur notre outil militaire *et* sur notre outil diplomatique et consulaire. Leurs budgets et leurs effectifs ne doivent en aucun cas être traités comme des variables d'ajustement. J'y ai toujours été très vigilant.

Malheureusement, on peut dire que les événements m'ont aidé à faire valoir mes arguments. L'actualisation de la Loi de programmation militaire 2014-2019 que j'évoquais tout à l'heure a eu lieu après les attentats du 13 novembre 2015. Pour tirer les conséquences de la guerre lancée par la Russie contre l'Ukraine, le Président Macron a lancé une révision de la LPM 2019-2025 et décidé de créer de nouveaux postes de diplomates. Si, pour ma part, j'avais pu obtenir une stabilisation des effectifs du Quai d'Orsay, après plusieurs décennies de ce qui était vécu comme une hémorragie des ressources humaines de ce ministère, c'est parce que le professionnalisme et l'efficacité de nos diplomates et de nos agents consulaires se sont souvent trouvés au cœur de l'actualité.

Certes, mais les missions du Quai d'Orsay changent, évoluent sur d'autres compétences et surtout se multiplient. On l'a vu à propos des rapatriements de nos ressortissants pendant la crise sanitaire. Ce sont bien des agents du ministère, diplomates ou non, des ONG qui, sur le terrain, montent au front si j'ose dire ?

Souvenez-vous des toutes premières semaines de la crise pandémique. Le virus gagnait du terrain partout dans le monde et les espaces aériens de chaque pays se fermaient l'un après l'autre. Les quelque 370 000 Français qui étaient alors de passage à l'étranger se seraient retrouvés dans des situations extrêmement délicates si nos agents n'avaient pas travaillé jour et nuit pour qu'ils puissent rentrer chez eux au plus vite et si nous n'avions pas mis en place une cellule de crise où – je m'en souviens très bien – nous passions chaque jour en revue les situations les plus complexes. Et, des hauteurs du Pérou aux îles du Pacifique, autant dire qu'elles étaient nombreuses !

Voilà ce qui m'a toujours fait dire que le Quai d'Orsay est un grand ministère de service public : le service public des Français à l'international. Porter assistance à nos ressortissants en détresse, défendre nos positions dans le dialogue bilatéral que nous entretenons avec nos partenaires, faire valoir notre vision du monde dans les institutions multilatérales, soutenir nos entreprises qui s'implantent à l'étranger, c'est servir directement nos concitoyens. Il en va de même de notre diplomatie culturelle et d'influence. J'ai consacré beaucoup de temps et d'énergie à mettre en place une feuille de route pour intensifier et guider les efforts de nos diplomates dans ce domaine qui m'a immédiatement paru tout à fait essentiel. Quand nous soutenons les lycées français à l'étranger, quand nous encourageons la diffusion à l'international de notre cinéma ou de nos séries télévisées, quand nous développons les échanges universitaires ou quand nous accompagnons des projets de développement, nous défendons très concrètement nos intérêts et nos valeurs. Pourquoi ? Parce que nous vivons dans un monde où la compétition se joue dans tous les domaines et où nos compétiteurs cherchent à avancer leurs pions par tous les moyens. Bien sûr, notre pays a une longue tradition en matière d'échanges culturels et d'influence. Mais rien ne serait pire que de nous reposer sur nos lauriers ! Nous devons tout faire, au contraire, pour consolider nos positions et faire émerger de nouvelles générations de francophiles.

Le Président de la République a décidé de réformer de fond en comble le recrutement et le statut des hauts fonctionnaires de l'État. Comment expliquez-vous que le corps diplomatique accepte mal la réforme du sien ?

Le Président de la République a décidé d'aller au bout de cette réforme destinée à faire évoluer notre haute fonction publique pour qu'elle soit davantage en phase avec l'évolution de la société. C'est une réforme forte, qui passe notamment par la suppression de l'ENA (École nationale d'administration).

Au Quai d'Orsay, beaucoup se sont toutefois inquiétés de voir cette réforme, qui supposait la mise en extinction des corps de « conseiller des affaires étrangères » et de « ministre plénipotentiaire », remettre en cause l'un des atouts majeurs de notre pays sur la scène internationale : le fait que notre diplomatie est une diplomatie *de métier*. Je me suis donc battu, pour que la spécificité des carrières diplomatiques soit reconnue et préservée dans le cadre de la réforme voulue par le Président de la République. J'ai aussi obtenu le maintien du fameux « concours d'Orient » qui nous permet de recruter des profils très spécifiques. En parallèle, j'ai lancé une réforme des ressources humaines du ministère, au bénéfice de tous les agents, pour donner encore plus de sens à leur engagement.

Nos diplomates ont besoin de reconnaissance, de confiance et surtout de moyens budgétaires et humains à la hauteur des missions essentielles qui leur incombent. Pour moi, c'est le sens des protestations qui ont pu se faire jour. Il est crucial de leur apporter des réponses et des garanties, dans la durée. Je suis convaincu que les États généraux de la diplomatie, lancés par ma successeur Catherine Colonna, y contribueront.

De nombreux dossiers vous ont suivi d'un ministère à l'autre. Sur quel sujet avez-vous noté l'évolution la plus nette ?

L'Europe, sans hésitation !

Ces dix années ont été celles d'un réveil géopolitique européen : nous avons enfin commencé à sortir du temps de la naïveté et de l'innocence. En 2012, parler d'autonomie stratégique européenne suscitait de la défiance, voire du rejet. En 2022, l'agenda de souveraineté européenne mis sur la table par le Président Macron quelques mois seulement après son élection, dans le grand discours qu'il a prononcé à la Sorbonne en septembre 2018, est devenu l'agenda commun des 27.

Autre acquis majeur : l'Europe assume désormais la puissance qu'elle porte en elle. Aujourd'hui, nous savons par exemple que notre marché intérieur de 450 millions de consommateurs peut nous permettre de faire valoir nos normes sociales et environnementales au plan international si – et seulement si – nous faisons un usage stratégique de ce marché. C'est, par exemple, le sens du « mécanisme d'ajustement carbone » que nous allons mettre en place aux frontières de l'Union européenne pour inciter nos partenaires à réduire leurs émissions de CO2. Longtemps, nous avons eu tendance à croire que le développement du commerce et du libre-échange entraînerait nécessairement un progrès de la paix et de la démocratie partout dans le monde. C'était une illusion. Il faut aussi de la volonté politique. Il faut aussi savoir jouer la carte du rapport de forces. Il faut aussi traduire nos valeurs dans des règles et nous donner les moyens de faire respecter ces règles. Voilà ce que nous avons enfin compris.

Comment expliquer ce changement de pied européen ?

Je vous l'ai dit : nous avons été rattrapés par la brutalisation du monde – la brutalité du terrorisme djihadiste, la brutalité des assauts du Président Trump contre le système multilatéral et contre l'Accord de Paris sur le climat, la brutalité du retour des jeux de puissance, la brutalité de la crise pandémique, la brutalité de la guerre lancée par la Russie contre l'Ukraine. Et j'en passe. En dix ans, il est clair que le monde a changé, de manière assez préoccupante. Mais nous aussi, les Européens, nous avons changé ! L'Europe a fait sa révolution. Et c'est, en soi, une vraie raison de garder une forme d'optimisme.

Au Quai d'Orsay, dans le droit fil du discours de la Sorbonne, je me suis toujours efforcé de porter une double exigence européenne : une exigence de protection et une exigence de projection.

L'Europe doit d'abord *protéger* ses citoyens des désordres du monde. C'est pourquoi je me suis battu avec Florence Parly, ma collègue des Armées, pour renforcer la défense européenne, qui peut désormais s'appuyer sur un fonds spécifique de huit milliards d'euros, sur des coopérations structurées permanentes et sur une « boussole stratégique », qui est le premier livre blanc de la défense européenne. C'est aussi pourquoi, sous l'impulsion du Président Macron, nous avons mis en place une réponse coordonnée à la pandémie de covid 19 et que nous avons agi ensemble pour nous procurer les meilleurs vaccins en quantité suffisante. C'est enfin pourquoi nous nous sommes battus pour que nous nous dotions de nouveaux outils de régulation de la vie numérique, comme le Règlement européen sur les marchés numériques, qui nous donnera des marges de manœuvre face aux GAFAM, et le Règlement européen sur les services numériques, qui nous permettra de mieux lutter, sur Internet, contre des discours et des pratiques que nous n'accepterions pas ailleurs.

Pas facile pour un citoyen ordinaire de décrypter les buts et les moyens de ces nouveaux outils d'autant qu'aux politiques étrangères pratiquées par chacun des pays membres s'ajoute celle de l'Europe qui elle se prévaut également d'une politique étrangère…

Pour être pleinement une puissance, notre Europe doit aussi savoir se *projeter* sur la scène internationale et vers les nouveaux espaces stratégiques.

En avril 2019, à New York, avec mon homologue allemand Heiko Maas, nous avons lancé une Alliance pour le multilatéralisme qui réunit tous les pays de bonne volonté partageant notre attachement à l'action collective. Sur des sujets aussi essentiels que le respect du droit international humanitaire, la régulation du cyberespace, le renforcement de l'architecture multilatérale de santé, la liberté de la presse et la lutte contre les manipulations de l'information, nous avons montré qu'un multilatéralisme de l'action et des résultats est encore possible.

Durant la présidence française du Conseil de l'UE, au premier semestre 2022, nous avons aussi travaillé à réinventer notre relation à l'Afrique, parce que les destins de nos deux continents sont liés et que notre intérêt est d'aider nos partenaires africains à renforcer leurs instruments de souveraineté. Nous avons mobilisé 100 milliards de dollars pour soutenir la relance de l'économie africaine après la pandémie, notamment pour soutenir l'entrepreneuriat africain. Et nous travaillons aujourd'hui avec l'Afrique du Sud, le Sénégal et le Rwanda pour développer des capacités de production de vaccins à ARN-messager sur le sol africain.

C'est enfin en Européens que nous nous tournons désormais vers les pays de l'Indopacifique pour leur proposer une alternative aux logiques de confrontation que d'autres puissances risquent d'encourager dans cette région.

Le 22 février 2022, nous avons d'ailleurs accueilli à Paris le tout premier Forum ministériel pour la coopération dans l'Indopacifique. Je me souviens bien de cette date, car ce jour-là, avec mes collègues européens, nous avons été tout à la fois sur les deux fronts de la protection et de la projection. Sur le front de la projection, parce que nous avons travaillé à approfondir des pistes de coopération concrètes avec nos homologues de l'Indopacifique, par exemple dans le domaine de l'environnement ou de la sécurité maritime. Et sur le front de la protection, puisque nous nous sommes aussi réunis en urgence pour répondre, par un premier train de sanctions, aux annonces inacceptables du Président Poutine, qui revenaient purement et simplement à nier la souveraineté de l'Ukraine et préparaient l'agression militaire du 24 février.

Avez-vous senti cette brutalisation du monde dans l'évolution des rapports que vous pouviez avoir avec vos différents interlocuteurs ?

L'exercice du dialogue diplomatique devient incontestablement de plus en plus difficile, parce que certains fondamentaux ne font plus consensus.

Pour que la diplomatie ait un sens, il faut d'abord que les uns et les autres soient décidés à se parler. Dans certaines régions, ce n'est plus le cas. Je pense par exemple au Moyen-Orient, où il existe pourtant un vrai besoin de concertation sur les enjeux de sécurité collective. C'est pourquoi la France s'est mobilisée pour mettre autour d'une même table l'Irak, l'Iran, l'Égypte, la Turquie, le Qatar ou encore les Émirats arabes unis à la fin de l'été 2021, à Bagdad, dans une grande conférence régionale organisée conjointement par le Premier ministre irakien Moustafa Al-Kazimi et le Président Macron.

Pour que la diplomatie ait un sens, il faut aussi – à un niveau encore plus fondamental – que ceux qui se parlent, parlent bien de la même chose. Sans accord sur la réalité des faits dont il est question, le dialogue ne mène nulle part. C'est ce que j'ai compris en voyant certains de mes homologues basculer dans une pratique entièrement idéologique qui sape jusqu'à la possibilité même de la diplomatie. Je pense, en particulier, au ministre russe, Sergueï Lavrov. Parler avec lui n'a jamais été une grande partie de plaisir, je ne vous le cache pas. Pendant longtemps, il m'a toutefois semblé avoir affaire à un véritable professionnel. Puis, il est devenu celui que le grand public a découvert avec l'agression russe contre l'Ukraine : un propagandiste qui multiplie les contre-vérités et semble presque revendiquer sa mauvaise foi.

Estimez-vous avoir été naïf avec le ministre Lavrov ?

Pas du tout. J'ai toujours tenu une position de fermeté. La dernière fois que nous nous sommes vus en personne, c'était à Paris, en novembre 2021, avec nos homologues de la Défense, Florence Parly et Sergueï Choïgou. Je me souviens lui avoir dit très clairement que toute nouvelle agression de la Russie contre l'Ukraine, après celle de 2014, aurait des conséquences massives et stratégiques pour son pays. La Russie est passée à l'acte : aujourd'hui, son économie est sous le coup de sanctions sans précédent, qui mettront à mal son avenir.

Je pense que, s'il y a eu naïveté, elle a été du côté de celui qui n'a pas voulu ou pas su entendre cet avertissement.

Avez-vous regretté de quitter vos fonctions, en mai 2022 ?

En toute franchise, je ne me serais pas vu aller au bout d'un troisième quinquennat. Dix ans, c'est déjà beaucoup ! Et je pense qu'il valait mieux passer le relais dès le début du nouveau mandat du Président de la République.

Pourquoi ?

Je tenais à ce que mon successeur, en l'occurrence Catherine Colonna, puisse commencer sa mission au plus vite, parce que toutes ces années m'ont montré que la continuité est un atout : c'est dans la durée qu'on peut construire des relations de confiance ou des rapports de forces avec ses interlocuteurs.

Être ministre de la Défense ou ministre des Affaires étrangères, c'est, à bien des égards, être un « ministre des crises ». Mais le paradoxe est qu'il faut aussi être un ministre du temps long. Y compris d'ailleurs pour faire face aux crises. Quand, par exemple, il nous a fallu organiser le retour en France de nos concitoyens bloqués à l'étranger par la pandémie, ce sont les liens que j'avais tissés au Qatar en travaillant sur de tout autres dossiers qui nous ont permis de pouvoir compter sur l'aide de la compagnie nationale, *Qatar Airways*.

Aucun regret, donc ?

Si, j'ai un regret, c'est que nos efforts pour aider le Liban, et ils ont été nombreux, n'aient pas empêché ce pays de sombrer dans la crise et le marasme. La France a pris ses responsabilités vis-à-vis du Liban. Je peux en témoigner. Notamment après la catastrophe du port de Beyrouth, en août 2020. Et je me souviens très bien de la manière dont nous avons été accueillis quand j'ai accompagné le Président Macron sur les lieux du drame, pour dire au Liban la solidarité de la France et apporter une aide d'urgence. Mais la classe politique libanaise, elle, n'a pas été au rendez-vous. Elle préfère camper sur ses positions claniques. C'est un fait. Tous les responsables publics libanais savent pertinemment où sont les urgences et les impératifs – la réforme du système financier et bancaire, la régulation de l'électricité, la lutte contre la corruption. Mais rien ne bouge, et ce pays est sur le point de sombrer.

J'espère très sincèrement qu'il se trouvera des dirigeants courageux pour répondre enfin aux aspirations des Libanais, et en particulier à la détresse d'une jeunesse magnifique qui mérite un sursaut politique.

Avec le recul, que signifie pour vous être un ministre « de gauche » quand on parle de questions de défense ou de questions diplomatiques ?

Ce sont évidemment des sujets où l'intérêt supérieur de la nation commande de dépasser les clivages partisans. C'est pourquoi je suis très fier que la loi que j'ai portée pour donner un nouvel élan à notre politique de développement solidaire ait été adoptée à l'unanimité par le Parlement.

J'y ai vu un signal extrêmement encourageant : loin des postures politiciennes qui paralysent trop souvent le débat public, nous avons pu travailler avec les élus de tous bords à enrichir ce texte. C'était en pleine crise pandémique et chacun avait bien conscience que, face à des défis qui se posent à l'échelle mondiale, la solidarité n'est pas seulement un impératif de justice et d'humanité. C'est aussi, à bien y regarder, une question d'efficacité collective ! Et ce qui vaut pour notre santé vaut aussi pour notre planète ou pour la sécurité alimentaire mondiale. Investir pour aider nos partenaires du Sud, et particulièrement nos partenaires africains, à construire leur part de notre réponse commune à ces défis, c'est les aider et c'est en même temps nous aider nous-mêmes. Voilà la philosophie de cette loi, une philosophie de bon sens, qui a donc pu faire l'objet d'un large consensus.

Si je prends cet exemple, c'est parce que le bon sens, dans ce cas d'espèce, me semble être du bon sens de gauche, puisque poser les problèmes dans leur dimension collective est l'une des matrices de la pensée politique de la gauche. Je vous ai dit la place que tenait la « promotion collective » dans l'engagement de mes parents. Pour moi, c'est du même ordre.

Mais n'avez-vous pas été amené à renoncer à défendre certaines valeurs, par exemple quand il s'est agi de trouver des débouchés à notre industrie de défense dans des pays autoritaires ?

Il ne faut pas tout confondre. Quand la France organise la vente de matériel militaire, ce n'est pas d'abord une question commerciale. L'enjeu est, en réalité, de renforcer nos partenariats stratégiques dans des régions cruciales pour nos intérêts. Ces exportations capacitaires sont donc un instrument au service d'un partenariat, et pas l'inverse. Ces partenariats, je les assume et je les revendique, car ils contribuent à la sécurité et à la stabilité dans des zones de tensions qui sont importantes pour nous. Je pense aux partenariats stratégiques que nous avons tissés dans le Golfe, où l'Iran se livre à des manœuvres de déstabilisation de plus en plus désinhibées. Et je pense à nos partenariats dans l'Indopacifique, où notre coopération capacitaire avec l'Inde, la Malaisie ou l'Indonésie sont également des facteurs de stabilité.

Je veux insister sur ce point : ces zones sont des carrefours stratégiques. Ce qui s'y passe emporte des conséquences pour la vie de notre pays. Nous devons donc nous y engager. Y compris, d'ailleurs, pour défendre – par des actes concrets – les valeurs auxquelles nous sommes attachés.

Je vous rappelle que lorsque nous avons entrepris de faire sortir de Kaboul des centaines d'Afghanes et d'Afghans menacés, en raison de leur engagement pour la liberté, nous avons pu nous appuyer sur nos partenaires émiratis et qataris. Sans eux, sans le partenariat qui nous lie, l'opération *Apagan* n'aurait pas pu avoir lieu.

Du reste, nous n'hésitons jamais à aborder la question des droits de l'homme dans les pays où ils sont remis en cause. Jamais. En la matière, l'expérience m'a du reste montré que le dialogue direct à haut niveau sur des cas individuels était bien plus efficace que les grandes déclarations médiatiques.

Par ailleurs, il est vrai que nos exportations sont indispensables au maintien d'une base industrielle de technologies et de défense innovante dans notre pays. Et donc indispensables à notre défense. Mais là non plus, ce n'est pas une question commerciale. C'est une question de sécurité nationale et de sécurité européenne.

Vous n'avez donc jamais ressenti de contradiction entre vos valeurs de gauche et les exigences de vos fonctions régaliennes ?

Non, c'est même tout l'inverse : je trouve que la brutalisation de la vie internationale donne encore plus de sens aux exigences de justice sociale que la gauche a toujours portées.

De quelle manière alors ?

Les groupes terroristes et les régimes autoritaires qui cherchent à déstabiliser nos démocraties misent sur ce qu'ils perçoivent comme des ferments de division. Par leur propagande, ils cherchent à exacerber ces divisions – Daech rêve par exemple de nous plonger dans un nouvel âge des guerres de religion. Et, par leurs actes, ils cherchent à nous enfermer dans les fractures qui traversent notre société – par exemple, quand la Russie de Poutine a tenté d'instrumentaliser le mouvement des Gilets jaunes ou quand elle se sert de la crise énergétique qu'elle a créée afin de tenter de retourner l'opinion publique européenne. Face à ces manœuvres, je suis convaincu qu'il faut désormais considérer que notre modèle social est *aussi* une garantie de notre souveraineté et de notre sécurité. Si nous devons le protéger et assurer sa viabilité, c'est *aussi* pour tenir le choc dans ce monde en voie de brutalisation. J'y vois donc une raison supplémentaire de travailler à faire entendre les idées de gauche au sein de la seule force politique qui montre aujourd'hui un réel attachement au destin européen de notre pays, la majorité progressiste que le Président de la République a su réunir autour de lui.

Vous ne connaissiez pas ou peu l'Afrique lorsque vous prenez les rênes de la Défense puis des Affaires étrangères entre 2012 et 2022. Pendant dix ans, vous avez été pourtant, au nom de la France, en première ligne sur ce continent.

À la Commission de la défense nationale et des forces armées de l'Assemblée, j'avais travaillé en détail sur les dossiers de sécurité africains. Mais il est vrai que je ne connaissais pas personnellement ceux qui allaient ensuite devenir mes interlocuteurs réguliers. Je ne le regrette pas : c'était l'occasion de commencer sur de bonnes bases.

Après dix ans de présence militaire française au Sahel, le résultat est-il à la hauteur des espérances ?

Certains vont plus loin encore que ce que sous-entend votre question et n'hésitent pas à parler d'échec. Ils se trompent.

Comme je vous l'ai dit, nous sommes parvenus, en 2013, à stopper net les colonnes de djihadistes qui fonçaient sur Bamako, et donc à empêcher la constitution d'un sanctuaire terroriste islamiste à la frontière sud de l'Europe. Ce n'est pas ce que j'appelle un échec.

Puis nous avons étendu notre effort à l'ensemble du Sahel pour empêcher les groupes terroristes de s'implanter ailleurs, et nous avons méthodiquement ciblé leurs structures de commandement jusqu'à les pousser à renoncer complètement à leur projet initial : transformer la région en une rampe de lancement d'attaques terroristes en direction du reste de l'Afrique et en direction de l'Europe. Ce n'est pas non plus ce que j'appelle un échec. Ils se sont trouvés contraints de revoir leurs prétentions à la baisse, en se repliant sur des objectifs essentiellement locaux, au carrefour du djihadisme idéologique, des trafics criminels et des tensions interethniques.

Grâce à l'Alliance Sahel que nous avons créée en juillet 2017 avec l'Allemagne, l'Union européenne et des institutions internationales, nous avons lancé près de mille projets de développement, par exemple dans le domaine de l'éducation ou de la santé, pour redonner des perspectives d'avenir aux populations du Sahel. Ce n'est, là non plus, pas ce que j'appelle un échec.

Il y a tout de même bien un échec quelque part sinon nous n'en serions pas là aujourd'hui n'est-ce-pas ?

Si échec il y a eu, c'est l'échec des autorités maliennes à répondre aux attentes de la population et à mettre en œuvre l'accord de réconciliation conclu en 2015 avec les mouvements touaregs du nord, l'accord d'Alger. Leurs atermoiements ont conduit à un premier coup d'État, en août 2020, puis à ce qu'il faut bien qualifier de second coup d'État dans le coup d'État, en mai 2021.

La junte au pouvoir s'est alors lancée dans une fuite en avant qui l'a coupée de ses partenaires africains et européens, durablement éloignée des principes de l'État de droit et conduite à placer son destin, et le destin du Mali, entre les mains des mercenaires russes du groupe Wagner. Impuissants face aux groupes terroristes, ces derniers se sont ensuite livrés à des exactions contre des civils maliens, comme ils l'avaient fait auparavant en République centrafricaine.

Dans ces conditions, nous ne pouvions pas rester au Mali. Le Président de la République a mis fin à l'opération *Barkhane* et, à l'heure où nous parlons, nous procédons au redéploiement de notre présence militaire au Sahel, en appui des forces locales. Car il ne s'agit pas de nous désengager d'une région où nous avons des partenaires qui comptent sur nous et des intérêts de sécurité à préserver, mais de mieux calibrer notre engagement en fonction des besoins et des efforts de stabilisation mis en œuvre par les autorités locales.

Quand vous arrivez aux affaires en 2012, que reste-t-il de l'ombre portée des rapports tumultueux de la « Françafrique » ?

Ceux qui me paraissent encore pris dans les vieux réflexes de la « Françafrique », comme vous dites, ce sont ceux qui passent leur temps à déplorer une soi-disant perte d'influence de la France sur le continent ! Au fond, ils continuent à raisonner comme si nous étions condamnés à un éternel tête-à-tête entre la France et l'Afrique, ce qui n'est ni réaliste ni même souhaitable.

Aujourd'hui, l'Afrique est effectivement l'un des théâtres des nouvelles batailles de l'influence et des modèles qui rebattent les cartes de la vie internationale. Mais c'est à l'échelle de nos deux continents que nous devons reconstruire un partenariat autour de nos défis communs, qui sont nombreux : la lutte contre le terrorisme, le combat contre le changement climatique et pour la biodiversité, la bataille pour le droit d'informer et d'être informé, les migrations ou encore la révolution numérique.

La France n'a-t-elle tout de même pas un rôle particulier à jouer ?

Le Sommet sur le financement des économies africaines, organisé à Paris en mai 2021, et le Sommet Union européenne/Union africaine, organisé à Bruxelles en février 2022, durant la présidence française du Conseil de l'Union européenne, ont permis de poser des jalons décisifs pour construire ce nouveau partenariat euro-africain consistant tout à la fois en un partenariat de solidarité et un partenariat de souveraineté, qui nous sont tous deux mutuellement bénéfiques.

Je vais prendre un exemple concret sur lequel la France a beaucoup travaillé : la lutte contre les pandémies. Au plus fort de la crise du covid 19, les Européens se sont mobilisés pour fournir des doses de vaccins aux pays africains les plus vulnérables. Face à l'urgence, l'enjeu était d'aider leurs populations et leurs systèmes de santé à tenir le choc, mais aussi de limiter au maximum la propagation de nouveaux variants et, ce faisant, de réduire les risques de voir une nouvelle forme du virus venir remettre en cause nos propres efforts. Voilà pour le volet solidarité. En vue des pandémies qui pourraient tous nous frapper demain, nous aidons aussi nos partenaires africains à construire leur souveraineté vaccinale en se dotant de leurs propres capacités de production de vaccins à ARN-messager. Pour rester souverains dans un monde où certaines puissances s'efforcent de réduire la liberté d'action de toutes les autres, nous avons en effet besoin de pouvoir nous appuyer sur des partenaires qui sont eux-mêmes à l'abri des chantages et des dépendances.

L'influence pacificatrice de l'ONU semble en perte de vitesse. Assiste-t-on à l'irrémédiable déclin des Nations Unies ?

Le fait est que certaines puissances s'emploient à remettre en cause les principes et les institutions du système multilatéral qui a vu le jour au lendemain de la Seconde Guerre mondiale. À l'époque de Trump, la tentation de l'unilatéralisme tendait à l'emporter sur l'engagement historique des États-Unis pour le multilatéralisme. La Russie de Poutine, elle, joue le jeu du blocage systématique au Conseil de sécurité, pour tenter de plonger la communauté internationale dans l'impuissance face à ses exactions et à celles de ses affidés, à commencer par le régime syrien. Quant à la Chine, elle s'emploie à détourner les règles et les institutions multilatérales pour servir ses intérêts propres.

Ce sont, à mon sens, les trois maladies chroniques du multilatéralisme. La guerre lancée par la Russie contre l'Ukraine aurait pu porter le coup de grâce. C'est pourtant l'inverse qui s'est produit : elle a servi d'électrochoc au multilatéralisme.

En niant la souveraineté de l'Ukraine, en envahissant son territoire, en agressant sa population, la Russie a – paradoxalement – rappelé à tous les pays du monde la valeur des principes cardinaux de la Charte des Nations unies et la valeur de l'institution qui nous permet de les défendre collectivement. Depuis février 2022, chacun a pu voir ce qui se passe quand un pays tourne le dos au droit international et à ses engagements multilatéraux. C'est pourquoi une immense majorité d'États a refusé de cautionner les actions de la Russie lors des votes organisés à l'ONU, en dépit de la propagande et des pressions du Kremlin.

Je suis donc convaincu qu'après des années de langueur, l'ONU peut aujourd'hui retrouver toute sa vitalité, ce qui ne signifie d'ailleurs pas nécessairement un maintien du *statu quo*. Pour améliorer la représentativité du Conseil de sécurité et l'efficacité de son travail, la France est favorable à une réforme qui permettrait à l'Allemagne, au Brésil, à l'Inde et au Japon d'accéder à un siège de membre permanent et permettrait une présence plus importante des pays africains.

La pierre d'achoppement ancrée au sommet de cet édifice vertueux qu'est l'ONU, c'est quand même bien le droit de veto…

Pour éviter la paralysie du Conseil, nous militons pour un encadrement de l'usage du droit de veto en cas d'atrocité de masse.

Mais ce n'est pas le seul sujet. Pour construire un multilatéralisme d'aujourd'hui, nous avons aussi mis en place des coalitions d'action sur des sujets essentiels comme le droit international humanitaire, la sécurité et la confiance dans le cyberespace ou encore l'impact des dérèglements climatiques sur notre sécurité, dans la cadre de l'Alliance pour le multilatéralisme que j'ai lancée à New York avec mon homologue allemand Heiko Maas, en avril 2019.

Autant de pistes concrètes pour revivifier l'action collective et nos institutions multilatérales ! Ce qui répond non seulement à un vrai besoin, mais également à de vraies attentes. Je ne serai donc pas aussi pessimiste que vous !

Il est déjà loin le discours de septembre 2019 où Emmanuel Macron déclarait que l'OTAN était en état de mort cérébrale...

Il est vrai que de sérieuses questions se posaient à l'époque. Le Président Trump ne traitait pas les Européens en alliés, mais avec brutalité et parfois avec mépris. Le Président Erdogan multipliait les provocations. Certains entendaient détourner l'OTAN de sa mission historique, qui est la défense collective de l'espace euro-atlantique.

Poutine a manifestement pensé que cette mauvaise passe lui laissait le champ libre. À tort. Son passage à l'acte nous a ressoudés et a poussé la Finlande et la Suède à nous rejoindre. Le soutien que nous apportons collectivement à l'Ukraine et les mesures que nous avons prises pour renforcer notre « flanc Est » ont montré la solidité et la détermination de notre alliance. Au Sommet de Madrid, en juin 2022, nos chefs d'État et de gouvernement ont pris des mesures fortes pour adapter notre posture de dissuasion et de défense à la dégradation de notre environnement stratégique, décidé d'investir davantage dans l'OTAN et approuvé un nouveau « concept stratégique » qui nous guidera dans les années à venir.

Poutine et ses relais d'influence, y compris ceux qui sévissent dans la classe politique française, présentent l'OTAN comme une menace pour la Russie, ce qu'elle n'a jamais été. C'est une alliance purement défensive, dont l'agressivité désinhibée manifestée par la Russie depuis février 2022 a rappelé le bien-fondé. Poutine aura donc finalement renforcé une alliance avec laquelle il a toujours entretenu un rapport paranoïaque. C'est une autre conséquence paradoxale de ses choix.

Avez-vous été surpris de voir l'Allemagne décider de se réarmer ?

Ce qui est en train de se produire en Allemagne, c'est une véritable révolution stratégique.

La guerre de Poutine contre l'Ukraine a fait sauter des tabous profondément enracinés dans la culture politique de l'Allemagne démocratique. Le tournant annoncé par le chancelier Scholz quelques jours après le déclenchement de l'offensive russe est proprement spectaculaire : des livraisons d'armes lourdes à l'Ukraine, le déblocage de 100 milliards d'euros pour renforcer les capacités de la Bundeswehr dès 2022, une augmentation des dépenses militaires à plus de 2 % du PIB. C'est historique.

J'y vois le signe que l'Allemagne a pris la mesure des menaces qui pèsent aujourd'hui sur les Européens, et qu'elle entend assumer pleinement ses responsabilités. Mais, pour aller au bout de cette logique, cet effort doit servir à renforcer notre défense européenne, et notamment notre base industrielle et technologique de défense européenne, ce qui est essentiel pour renforcer notre sécurité. Nous n'y sommes pas encore.

Plus généralement, l'Allemagne a compris qu'elle devait changer de modèle. Après avoir longtemps compté sur des hydrocarbures russes pour faire tourner son industrie et exporter outre-Atlantique et vers l'Asie, elle doit se réinventer. Là aussi, cet effort ne prendra tout son sens politique et stratégique que s'il contribue à la mise en œuvre de l'agenda de souveraineté et de puissance que nous portons en Européens et dont le Chancelier a lui-même reconnu l'importance dans un discours majeur prononcé à Prague.

Quel est votre sentiment sur la place du cyber dans les conflits d'aujourd'hui ?

Le champ cyber fait désormais partie intégrante du spectre de la guerre et, plus largement, de la conflictualité et de la compétition de puissance. Des attaques informatiques peuvent être conduites préalablement ou parallèlement à des actions militaires traditionnelles pour « préparer le terrain » ou multiplier les effets d'une offensive cinétique. De telles attaques peuvent aussi intervenir pour déstabiliser un adversaire en tentant de rester soi-même sous le seuil de la conflictualité ouverte. Ces menaces sont d'autant plus inquiétantes qu'elles s'intensifient à mesure que progressent la numérisation de nos sociétés et la sophistication des armes informatiques.

Concrètement qu'avez-vous entrepris qui permette de contrer ces redoutables menaces ?

Lorsque je suis devenu ministre de la Défense, j'ai tenu à faire du cyber une priorité. Je tenais à ce que nos armées puissent compter sur une doctrine claire, des moyens technologiques de pointe et de solides compétences humaines. Je suis très fier d'avoir donné l'impulsion qui a permis de structurer en Bretagne un écosystème de la cyberdéfense qui est maintenant au cœur des capacités de notre pays dans ce domaine et qui est le creuset de coopérations européennes essentielles. Le Pôle d'excellence cyber de Rennes, pour ne citer que lui, fait figure de référence incontournable pour tous les professionnels du secteur, qu'ils soient militaires, ingénieurs, chercheurs ou entrepreneurs. Mes successeurs ont poursuivi cet effort de montée en puissance cyber, par des recrutements et des investissements conséquents. Je m'en félicite, car il s'agit à mon sens d'une condition *sine qua non* de notre sécurité aujourd'hui.

Certains observateurs ont toutefois pu s'étonner que ses cyberattaques n'aient pas permis à la Russie de briser les capacités de résistance de l'Ukraine pour prendre l'avantage. Il est vrai que la *blitzkrieg* numérique que redoutaient nos stratèges n'a pas eu lieu. Cela ne signifie évidemment pas que le cyber soit absent de cette guerre. Depuis le 24 février, les attaques ont été nombreuses, de part et d'autre. Mais, en matière de cyber comme sur tous les sujets, la Russie a surestimé ses propres capacités et sous-estimé celles de son adversaire.

Le cyber a beau être un champ de conflictualité nouveau, on voit que les fondamentaux de la guerre s'y appliquent : la préparation et la détermination paient. C'est ce qui permet, aujourd'hui, aux Ukrainiens de tenir le front cyber avec l'appui de leurs partenaires internationaux. Jusque dans le champ cyber, la guerre demeure ce qu'elle a toujours été : l'affrontement de deux volontés adverses. Cela ne change pas.

Peut-on dire que la diplomatie a changé de visage, que son métier s'est transformé ?

La diplomatie d'aujourd'hui va bien au-delà de la représentation politique d'État à État et de la négociation dans les instances internationales, même si ces deux missions restent bien sûr tout à fait essentielles.

Au XXIe siècle, il faut y ajouter la diplomatie culturelle et d'influence, la diplomatie économique, la diplomatie du développement solidaire, la diplomatie climatique, la diplomatie numérique – et la liste n'est pas exhaustive ! Car la défense des intérêts et des valeurs de la France peut se jouer partout, à tout moment. L'une des forces du Quai d'Orsay, c'est d'ailleurs d'être un ministère en mouvement, qui sait répondre à tous les soubresauts et à toutes les tendances de fond de notre monde complexe.

Lorsque j'étais ministre, mes déplacements à l'étranger m'ont conduit dans les allées du Festival international du film de Mumbai, sur les pelouses d'un terrain de foot au Ghana ou encore – très souvent – dans les salles de classe de nos lycées français à l'étranger, ce qui était toujours un très grand plaisir. Je peux donc vous dire que les diplomates qui m'accompagnaient font un métier formidable et très varié ! Je sais qu'ils en sont fiers, comme ils sont fiers des missions consulaires qu'ils accomplissent auprès des Français de l'étranger.

Quelle est la part de votre équation personnelle dans l'activité diplomatique de ces cinq dernières années ?

J'ai su tisser des liens faits de franchise et de respect avec mes interlocuteurs et j'ai su entretenir ces liens dans la durée. C'est ce qui a permis, dans bien des cas, de créer de la confiance, de dépasser certains blocages, d'avancer sur des projets concrets. De ce point de vue, je me suis souvent dit que mon travail de ministre n'était pas très éloigné de mes anciennes fonctions de maire ou de président de Région. La politique, c'est d'abord et avant tout des rapports humains. Évidemment, les sujets n'étaient toutefois pas les mêmes.

L'autre facette de ma mission, c'était d'éclairer la décision du Président de la République. Là aussi, je me suis toujours astreint à la franchise et au respect. Là aussi, je crois pouvoir dire que la confiance était au rendez-vous.

Comment votre longue expérience diplomatique et militaire change-t-elle votre regard sur l'histoire qui se déroule sous nos yeux ?

Le moment que nous sommes en train de vivre est assurément un moment qui appelle une forme de gravité. Car l'Histoire est de retour et, avec elle, tout son lot de violences et de bouleversements. Après des décennies de légèreté et de confiance, nous devons donc nous astreindre à retrouver le sens du tragique, sans pour autant nous y résigner. Car nous avons des atouts et des ressources pour y faire face. J'en suis profondément convaincu.

Je crois, en effet, que le réveil européen que j'ai tenté de vous décrire nous donne des motifs d'espoir. Nous mesurons de mieux en mieux la valeur immense et la portée universelle de notre modèle de liberté, de solidarité et d'humanisme. Surtout, nous sommes en train de nous donner les moyens de le défendre très concrètement, en assumant enfin de jouer la carte des rapports de forces à chaque fois que c'est nécessaire. Parce que nous avons compris que notre avenir en dépend et qu'une part essentielle de l'avenir de notre monde en dépend.

Alors oui, nous vivons dans un monde qui redevient dur et qui redevient brutal. C'est vrai.

Mais c'est justement parce que nous vivons dans un tel monde qu'il nous faut à tout prix cultiver non seulement ce qu'on appelle parfois l'optimisme de la volonté, en référence à une belle formule de l'intellectuel italien Antonio Gramsci, mais aussi ce que j'appellerai l'optimisme de l'action. Je compte sur les nouvelles générations pour en faire une vertu cardinale de notre Europe. Voilà, à mon sens, de quoi nous avons besoin aujourd'hui.

Pour conclure, Jean-Yves Le Drian, vous avez récemment déclaré chez nos confrères de la presse écrite que pour vous « la politique partisane, c'est terminé ». Mais on imagine mal que vous quittiez totalement la scène. D'ailleurs, à peine après avoir quitté le gouvernement, vous vous êtes totalement réinvesti, et à succès, dans le Breizh Lab, ce think-tank dédié à la prospective et aux idées. Mais qu'en est-il de votre avenir personnel ?

Il sera sans doute beaucoup plus serein que ne l'ont été ces dix dernières années !

Maintenant que je n'ai plus « un emploi du temps de ministre » – et je vous assure que moi-même et mes proches avons eu bien des occasions de mesurer tout le sens de cette expression –, je retrouve ce qui donne du sel à l'existence. Avec mon épouse Maria, nous profitons davantage de nos enfants et de nos petits-enfants. J'ai enfin des moments de calme pour lire, me promener et retrouver mes amis. Je peux même regarder les matchs de foot sans craindre d'être systématiquement interrompu avant le coup de sifflet final !

On m'a toutefois aussi fait comprendre que mon expérience pouvait toujours être utile à la Bretagne et à notre pays, et j'en suis très honoré. Après ma vie de professeur, ma vie de maire de Lorient, ma vie de président de Région et mes deux vies de ministre, je compte donc bien attaquer une sixième vie. Pour continuer à servir, autrement. Si le temps des combats proprement politiques est sans doute derrière moi, je ne manque pas de projets, tous passionnants. Vous verrez bien !

Repères chronologiques

1947 – Naissance de Jean-Yves Le Drian à Lorient (Morbihan) dans une famille catholique ouvrière. Son père, vendeur de pièces automobiles chez Renault, est un syndicaliste engagé, sympathisant du milieu communiste. Sa mère est couturière et milite notamment à l'Action catholique ouvrière.

1966 – Après un an en hypokhâgne à Quimper, il commence ses études universitaires en histoire à Rennes, et travaille comme professeur d'histoire à mi-temps dans un lycée rennais. Il passe les étés 1966 et 1967 en Algérie pour donner des cours de soutien.

1968 – Jean-Yves Le Drian a milité au sein de la Jeunesse étudiante chrétienne dès le lycée, puis rejoint l'Union nationale des étudiants en 1967 et, dans ce cadre, participe activement au mouvement de Mai 68 à Rennes.

1971 – Il obtient l'agrégation d'histoire et poursuit sa thèse ; après son service militaire, il devient professeur-assistant à l'université de Rennes II en 1973.

1974 – Jean-Yves Le Drian adhère au Parti socialiste (jusqu'en 2018) et prend la direction de la section de Lorient.

1977 – Il est élu au conseil municipal de Lorient et devient adjoint au maire, Jean Lagarde.

1978 – Il se présente pour la première fois aux élections législatives au siège de député du Morbihan, qu'il remporte. Par la suite, il sera réélu en 1981, 1986, 1988, 1997 et 2002, jusqu'en 2007. Au sein de l'Assemblée, il est actif dans les domaines de la Défense et des questions maritimes.

1981 – Jean-Yves Le Drian est élu maire de Lorient et sera réélu en 1983, 1989 et 1995. Il œuvre notamment à la création de l'université Bretagne-Sud (regroupant les sites de Quimper, Lorient et Vannes), au développement économique et à la diversification des activités du pays de Lorient alors très dépendant du secteur étatique (base de Lann Bihoué, base des sous-marins de Keroman, l'Arsenal...).

MUNICIPALITÉ

Changements et continuité socialistes :

– Jean-Yves Le Drian succède à Jean Lagarde comme maire

– Trois nouveaux adjoints (Le Galles, Scieux et Sinquin) et deux reconduits (Dommanget et Le Duigou)

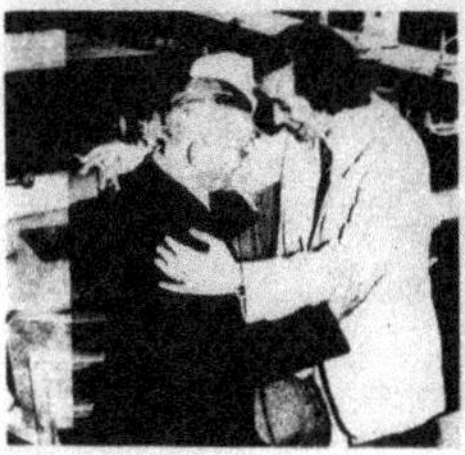

Félicité chaleureusement par Yves Allainmat.

Jean-Yves Le Drian est ici entouré de son premier adjoint, Jean Le Galles (à g.) ; du neuvième, Jacques Sinquin, et du second, Armand Guillemot.

Une centaine de personnes sur les bancs et chaises du public (plus une place de libre !), parmi lequel Yves Allainmat, ancien député-maire ; Jean Le Moing, ancien conseiller général, et son successeur, Georges Jégouzo ; Jean-Yves Laurent, maire de Quéven ; Léon, responsable de circonscription du P.S., etc. Mais seulement deux conseillers municipaux à leur place à l'heure annoncée de leur réunion, samedi matin, Joël Guégan et Jean-Paul Thierry (U.D.B.). Puis les élus communistes... Et des murmures de discussion dans les couloirs du fond...

Au lieu de 10 h 30, c'est à 11 h qu'apparaissent les élus P.S., enfin d'accord (?) pour ces renouvellements au sein du bureau municipal. Une séance présidée par le doyen de l'assemblée, le maire sortant, Jean Lagarde, toujours le regard vif et le geste alerte malgré ses 70 ans. Une fois proclamés les résultats de la récente élection complémentaire et applaudi le 37ᵉ conseiller ainsi élu (Jean Le Galles), dont Jean Lagarde dit être « **persuadé qu'il apportera ses compétences et qualités de cœur à la mairie, il en aura besoin ici...** », l'on passe au premier des neuf tours de scrutin qui vont se succéder.

Des voix...

Ce premier scrutin désigne,

Pons et M. Danic, étaient absents et n'avaient pas donné pouvoir.

Voici les résultats des votes successifs avec 35 votants : Jean-Yves Le Drian, élu maire par 33 bulletins et 2 blancs ; Jean Le Galles, 34 voix et 1 blanc ; Daniel Dommanget, 34 voix et 1 blanc ; Lysiane Le Duigou, 34 voix et 1 blanc ; Serge Morin, 34 voix et 1 blanc ; Albert Stéphant, 34 voix et 1 blanc ; Michel Scieux, 31 voix et 4 blancs ; Jacques Sinquin, 33 voix, 1 blanc, et 1 bulletin « Léon Le Gal »... que l'un des conseillers distraits (M. Collobert) dit avoir interverti avec le vote suivant : « **Je pensais voter Sinquin...** », précise-t-il ; Léon Le Gal, 32 voix et 3 blancs. Pas d'erreurs signalées ici.

Il est 11 h 55. Se lève le nouveau maire à son bureau pour

vices techniques de la Ville en matière de stockage et d'évacuation des eaux usées ».

Des fleurs...

Midi, ce 4 juillet 1981. À un jour près (il fut élu le 5 juillet 1973), il y a huit ans, Jean Lagarde prononçait son discours de succession à Yves Allainmat. Aujourd'hui se lève le jeune député-maire Le Drian, pour 8 minutes de propos d'où émergent :

– son « **engagement à ce que les deux idées de liberté et de responsabilité soient au cœur de notre gestion** » ;

– sa conscience de « **la lourdeur et des difficultés de la tâche** » qui l'attend, mais aussi de « **son caractère passionnant** ».

– des fleurs à ses prédéces-

M. Claude Chardonnet bientôt officiellement chargé de mission auprès de M. Mauroy, premier ministre.

Ouest-France – 6 juillet 1981

1991-1992 – Pendant la présidence de François Mitterrand, il entre au gouvernement d'Édith Cresson comme secrétaire d'État à la Mer.

Marine

Le maire de Lorient nommé secrétaire d'État à la Mer

Jean-Yves Le Drian place de Fontenoy

Un homme de l'Ouest succède à un homme du Nord. Place de Fontenoy, le Lorientais Jean-Yves Le Drian remplace Jacques Mellick à la Mer. Le premier magistrat de Béthune était ministre délégué. Son successeur n'hérite que d'un secrétariat d'État. Une mauvaise nouvelle pour les milieux maritimes.

« Feu » le ministère de la Mer, hier matin. Au deuxième étage, celui du cabinet, les conseillers remplissent des cartons. Jacques Mellick est sur le départ. Permanence de l'État oblige, les directeurs d'administration centrale restent en place. Mais c'est le grand déménagement des conseillers. L'ambiance est à l'incertitude. Qui va-t-on voir débarquer ? Et d'abord, y-aura-t-il quelqu'un ?

Les milieux professionnels avaient envisagé le « pire » : plus de ministère, ni même de secrétariat d'État. Et une simple direction générale, comme c'était le cas avant l'arrivée de Louis Le Pensec en 1981. Mi-rassurés et mi-déçus, ils ont appris la nouvelle hier en début de soirée : Jean-Yves Le Drian succède à Jacques Mellick, ce dernier étant nommé à la Défense. Mais le ministère délégué a cessé d'être. Il est remplacé par un simple secrétariat d'État.

Moyens diminués

La différence ? Elle est d'abord protocolaire : l'un passe après l'autre dans le jeu des préséances. Et puis, un secrétaire d'État n'assiste pas au conseil des ministres du mercredi. Sur le plan des principes, c'est un recul comme l'avait compris en 1984 le « lobby » maritime qui s'était fendu de télégrammes de protestation à Laurent Fabius dans des circonstances semblables.

Autre régression, le secrétaire d'État dispose de moyens diminués pour son cabinet. Il est vrai que ceux de la place de Fontenoy sont déjà limités. La différence ne sera donc pas très sensible. Il ne peut pas non plus prendre d'arrêtés, seulement des décrets. Mais c'est également le cas du ministre délégué.

Somme toute, les pouvoirs de Jean-Yves Le Drian seront comparables à ceux dont disposait Jacques Mellick. Et c'est surtout au moment des arbitrages budgétaires qu'on jugera de son poids. Il n'en reste pas moins que le changement fait grincer des dents : la Mer n'a plus qu'un demi-maroquin. « **Ce n'est pas un remerciement pour ce que la Marine marchande a fait dans l'opération Daguet** » commente Jean-Claude Mialhe, au nom de la CFDT.

Jean-Yves Le Drian ? « **On se souvient que c'est lui qui a pérennisé le Kerguelen dans son rapport. Et puis, il n'est pas étranger au pavillon de complaisance du navire de la nouvelle ligne Lorient-Gijon. Cela dit, nous le jugerons aux actes** ».

Le nouveau ministre — pardon ! secrétaire d'État — va devoir s'atteler tout de suite à la tâche. Avec pour premier objectif, la réussite du « plan pêche » de son prédécesseur. Et la réforme du statut des dockers dont il est de plus en plus question. Pas une mince affaire.

Marc MAHUZIER.

Jean-Yves Le Drian, entre Jacques Delors et Simone Veil : c'était en août 1988 à Lorient, pour le club Démocratie 2000.

Ouest-France – 18-20 mai 1991

« Un homme de l'Ouest succède à un homme du Nord. Place de Fontenoy, le Lorientais Jean-Yves Le Drian remplace Jacques Mellick à la Mer. »

1998 – Élu conseiller régional, il quitte son poste de maire de Lorient pour cause de cumul de mandats. Il est alors remplacé par Norbert Métairie, son ancien adjoint.

2004 – Il est élu président du conseil régional de Bretagne et sera réélu en 2010 et 2015. Il quittera cette fonction en 2017.

Bretagne 5

Jean-Yves Le Drian aux commandes de la Bretagne

L'opposition à deux voix

"Inventer un nouveau modèle breton"

La nouvelle Assemblée régionale

Le calme après la tempête...

Vendredi, jour du poisson

L'hommage à Josselin de Rohan...

... et aux amis de toujours

Ouest-France – 3-4 avril 2004

« 14 h 50, hier. Jean-Yves Le Drian, qui fut aussi secrétaire d'État à la Mer, pouvait monter à la passerelle et prendre la barre de la Bretagne. »

2012 – À l'issue de la victoire de François Hollande à la présidence en 2012, Jean-Yves Le Drian est nommé ministre de la Défense dans le gouvernement socialiste de Jean-Marc Ayrault.

6 Bretagne

Ouest France
Jeudi 17 mai 2012

Le Drian et Lebranchu, deux ministres bretons

La Bretagne retrouve le chemin du gouvernement avec la nomination de Jean-Yves Le Drian à la Défense, et de Marylise Lebranchu, chargée de la réforme de l'État et de la décentralisation.

Ouest-France – 17 mai 2012

« La Bretagne retrouve le chemin du gouvernement avec la nomination de Jean-Yves Le Drian à la Défense. »

2017 – Jean-Yves Le Drian est nommé ministre de l'Europe et des Affaires étrangères au sein du gouvernement d'Édouard Philippe, puis de Jean Castex, sous la présidence d'Emmanuel Macron.

Jean-Yves Le Drian prend encore du galon

On le voyait quitter le gouvernement ou rester à la Défense. Mais Jean-Yves Le Drian, ministre de l'Europe et des Affaires étrangères, c'est une surprise.

En amateur de football, Jean-Yves Le Drian a réalisé un joli contre-pied. Certains misaient sur un nouveau bail à la tête du ministère de la Défense où il vient de passer cinq ans, avec un parcours salué autant par la gauche que par la droite. Il a défendu bec et ongles, et avec succès, le budget des militaires. Il a conduit les opérations extérieures de la France en Afrique pour lutter contre le terrorisme, et il a enfin débloqué les ventes du *Rafale*, l'avion français que personne ne voulait. Sans compter les sous-marins vendus à l'Australie.

D'autres le voyaient revenir en Bretagne pour ne plus s'occuper que de son mandat de président du conseil régional. Il l'avait conservé lors des régionales de 2015, en s'offrant le luxe, dans un contexte difficile pour la gauche, de décrocher une majorité absolue.

Un homme de l'Ouest succède à un autre au ministère des Affaires étrangères : Jean-Yves Le Drian remplace Jean-Marc Ayrault.

Le ministère des « désordres du monde »

À l'époque, ses adversaires politiques dans l'hémicycle régional n'avaient pas manqué de dénoncer ce cumul. Jean-Yves Le Drian avait eu beau jeu de leur répliquer que les Bretons l'avaient réélu en connaissance de cause puisqu'il avait annoncé la couleur. La France venait de vivre les terribles attentats de novembre et le ministre de la Défense ne pouvait décrocher.

Jean-Yves Le Drian, ministre de l'Europe et des Affaires étrangères ? **« C'est vrai que c'est une surprise »**, confirme Loïg Chesnais-Girard, son premier vice-président à la Région Bretagne, et très fidèle bras droit. Même si pour lui, la surprise a été atténuée. Il avait été mis dans la confidence, mais peu de temps avant l'annonce officielle.

Jean-Yves Le Drian récolte donc les fruits de son bilan au ministère de la Défense. Il fallait de nouveaux ministres à Emmanuel Macron, et d'autres qui ont derrière eux une solide expérience. Les Affaires étrangères et la Défense, ce sont aussi des ministères voisins. L'imposant réseau de relations tissées par Jean-Yves Le Drian à travers le monde pendant ces cinq années va, bien sûr, continuer à lui servir. Il en aura besoin dans son nouveau ministère qui est, lui a rappelé Jean-Marc Ayrault, son prédécesseur, lors de la traditionnelle passation de pouvoir, **« celui des désordres du monde »**. Ils ne manquent pas...

Plus de cumul

Jean-Yves Le Drian, premier diplomate de la France ? Il saura faire. Le Breton n'a jamais oublié sa culture d'élu local, du temps où il était maire de Lorient. Il sait prendre le temps d'écouter et de se montrer affable.

Il reste la question : va-t-il continuer à cumuler la présidence de la Région et le ministère des Affaires étrangères ? La réponse tombe sous le sens. On ne peut faire les deux à la fois. En milieu d'après-midi, Loïg Chesnais-Girard indiquait que **« la donne a changé »**.

Président de Région et ministre de la Défense, Jean-Yves Le Drian a pu jongler avec les deux emplois du temps, au prix d'un emploi du temps millimétré et d'une organisation militaire. Le modèle ne sera pas transposable au ministère de l'Europe et des Affaires étrangères.

De toute façon, en début de soirée, Emmanuel Macron a passé la consigne : Jean-Yves Le Drian devra démissionner de la présidence du conseil régional. Aucun ministre ne pourra rester à la tête d'un exécutif local. Un peu avant, Jean-Marc Ayrault avait rappelé qu'au long de ses quinze mois aux Affaires étrangères, il avait avalé une fois et demie dans un avion le trajet de la Terre à la Lune. Ce qui ne laisse plus vraiment le temps de diriger une Région.

Didier GOURIN.

Ouest-France – 17 mai 2017

2019 – Après avoir quitté le Parti socialiste en 2018, il cofonde en 2019 le parti Territoires de progrès, de centre-gauche, qui regroupe d'anciens membres du PS et des élus de la majorité présidentielle, dont Élisabeth Borne.

2022 – Suite aux élections présidentielles et au remaniement du gouvernement en mai, Jean-Yves Le Drian quitte le Quai d'Orsay. En novembre, il est promu officier de la Légion d'honneur par Emmanuel Macron.

« Avec les Bretons, j'ai un lien très fort. Je suis l'un d'entre eux, il y a une forme d'identification mutuelle. »

Ouest-France
28-29 mai 2022

France

Jean-Yves Le Drian, le Menhir retrouve sa Bretagne

Il y a une semaine, il a quitté définitivement le Quai d'Orsay sous une pluie d'applaudissements. Ainsi s'achevait la carrière de ministre du plus célèbre des hommes politiques breton.

Portrait

Le large escalier qui mène au bureau de Jean-Yves Le Drian est recouvert d'une moquette rouge, le parquet d'époque grince, les plafonds sont hauts, les fenêtres immenses et les moulures dorées. Lui, le gamin de Lanester (Morbihan), fils d'ouvrier programmé pour travailler à l'arsenal, vit depuis dix ans sous les ors de la République, sans jamais oublier d'où il vient. **« Le ministre a cette simplicité qui est la marque des grands. Il s'adresse avec le même naturel à ses collaborateurs comme aux hommes d'État »**, dit de lui l'une de ses collaboratrices.

S'il ne regarde pas toujours son interlocuteur quand il lui parle, il prévient simplement que ça n'est pas pour éviter le regard de l'autre mais parce qu'il se concentre sur ce qu'il dit. Ses lunettes violettes au bout du nez, ses yeux par-dessus, ses fiches en main, Jean-Yves le Drian n'est pas du genre à s'épancher ou s'enorgueillir de son parcours. Même quand sa « **mission** », comme il dit pour parler de la fonction de ministre, touche à sa fin. « **Mes cartons sont prêts** », assurait-il, alors que la Première ministre n'était pas encore nommée.

Sixième vie à inventer

« Quand ce sera fini, j'irai en voiture jusqu'à Rennes et quand j'arriverai, j'aurai un agenda vide. » Cette scène, Jean-Yves le Drian l'a imaginée maintes fois, comme pour se préparer à ce qu'il appelle sa « **sixième vie** » (après celle de maire, député, président de Région, ministre de la Défense puis des Affaires étrangères) qui reste à inventer. Elle démarre maintenant, quelques semaines avant ses 75 ans et après une dernière carrière de ministre longue comme aucune autre. « **J'aurai participé à 500 conseils des ministres** », réalise-t-il à l'heure du bilan.

Ici, lors d'un nouvel an à Kaboul, en 2013.

Jean-Yves Le Drian, dans ses bureaux du quai d'Orsay.

Aux postes régaliens, Jean-Yves Le Drian a vécu au rythme de l'affolement du monde.

L'Afghanistan et le retrait des soldats, la crise malienne et l'offensive française avec l'opération Serval, la Syrie et le renoncement d'Obama alors que les avions français étaient prêts à décoller, la Centrafrique... et puis les attentats qui frappent la France : Charlie Hebdo, l'Hyper Cacher, Nice, l'assassinat du père Hamel, le stade de France et le Bataclan...

Parfois ébranlé par la gravité des moments, meurtri quand il fallait assumer et annoncer la mort de soldats, le ministre évoque chacune de ces crises avec pudeur. « **Ces moments nous obligent à une très grande maîtrise de soi. Rien ne serait pire qu'un chef qui tremble.** »

Alors que le grand désordre du monde se poursuit, le Menhir, comme l'appellent affectueusement les Bretons, reste solide. « **Ici on n'est pas maître de son temps,** dit-il du quai d'Orsay. **Cette belle maison où les jours et les nuits ont une gravité particulière.** »

Pour tenir, le ministre n'a jamais renoncé à son essentielle : « **La Bretagne ! C'est mon humus, mon stimulant** ». La moindre de ses libertés, il l'a consacré à sa région. Il suffit de l'évoquer pour que transparaissent l'affect et l'émotion. « **Avec les Bretons, j'ai un lien très fort. Je suis l'un d'entre eux, il y a une forme d'identification mutuelle. N'importe où dans le monde, il y a au moins un Breton qui est venu me voir. Quand je suis allé passer le réveillon avec les soldats à Kaboul, on nous a servi des crêpes. En Irak, j'ai eu un gâteau à l'effigie du drapeau breton. En plein désert à Gao, j'ai été accueilli par des cornemuses.** »

Naturellement, c'est dans sa maison à Rennes qu'il est rentré pour écrire le nouveau chapitre de sa vie. Il sera forcément différent de celui qui s'achève. Certains le voyaient finir sa carrière dans un fauteuil du Conseil constitutionnel. Lui n'y pense même pas une seconde. « **Je n'ai pas vocation à entrer au couvent. J'ai beaucoup de respect pour l'institution mais je veux garder une liberté d'action et de parole.** »

Une marque de fabrique. Homme de devoir, homme d'État, ce serait une erreur de voir en lui un gentil serviteur. Ses adversaires politiques le savent. Et pas que. Sa « **spéciale dédicace** » à l'ex-premier ministre Australien Scott Morisson, qui avait sabordé le contrat à 56 milliards pour la livraison de sous-marins, montre qu'il n'oublie pas ! « **Sa défaite me convient très bien et cela me fait plaisir de vous le dire** », lâche-t-il avec ironie dans son dernier discours. Bon copain dans la « vraie vie », le Lorientais ne cache pas qu'en politique, « **je ne suis pas un gentil. Je connais les rapports de force et je sais les appliquer. C'est peut-être aussi pour cela que je suis respecté, parce que je ne suis pas une girouette.** »

« Je mourrai à gauche ! »

En 2017, Jean-Yves Le Drian a pourtant pris un virage, en claquant la porte du Parti socialiste, après quarante ans, pour rejoindre Emmanuel Macron. Que ceux qui ne s'en remettent toujours pas ne viennent pas trop lui donner de leçon. « **Je suis né à gauche et je mourrai à gauche ! Ceux qui ont vendu les restes de la maison dans le cadre d'un populisme dominateur sont les mêmes qui animaient les frondeurs contre Hollande en 2015. Leur conception est sectaire et déconnectée du réel. C'est nier l'évolution de notre pays.** »

À l'heure où il accepte de se livrer un peu, Jean-Yves Le Drian regarde son parcours avec le sentiment du devoir accompli. Il a aussi l'humilité de reconnaître qu'il laisse le monde dans un état peu réjouissant. « **Il y a une constante dans ma vie. Elle vient de mes origines, elle est à la fois un frein et une force. En fait, j'ai toujours peur de ne pas être à la hauteur.** » Il est peut-être là, le secret des grands.

Christel MARTEEL.

Ici, lors d'un meeting d'Emmanuel Macron en 2017.

Ouest-France – 28-29 mai 2022

Éditions OUEST-FRANCE

Éditeur Vincent Lorant
Coordination éditoriale Alice Ertaud
Mise en page Studio graphique des Éditions Ouest-France
Impression SÉPEC NUMÉRIQUE, Péronnas (01)

ISBN : 978-2-7373-8786-9
N° d'éditeur : 10881.01.4,5.01.23

Achevé d'imprimer en France en janvier 2023
Dépôt légal : janvier 2023
editions.ouest-france.fr

PEFC
10-31-3532

Certifié PEFC

Ce produit est issu de forêts gérées durablement et de sources contrôlées

www.pefc-france.org